Why Baptists?
A study of baptist Faith and Heritage

Why Baptists? : A study of baptist Faith and Heritage
왜 침례교인인가? : 침례교인의 신앙과 역사적 유산

2014년 1월 20일 · 제1판 1쇄 발행
2020년 3월 20일 · 제1판 2쇄 발행

지은이	윌리엄 R. 이스텝
옮긴이	김승진

발행인	이요섭
담당편집	강성모
디자인	박지혜
제작	박태훈
영업	김승훈, 김창윤, 이대성, 정준용
	이영은, 김경혜, 정영아, 백지숙

펴낸 곳	요단출판사
등록	1973. 8. 23. 제13-10호
주소	07238 서울특별시 영등포구 국회대로 76길 10
기획 문의	(02)2643-9155
영업 문의	(02)2643-7290
	Fax(02)2643-1877
구입 문의	인터넷서점 유세근
	요단인터넷서점 www.jordanbook.com

ⓒ 요단출판사 2014

정가 12,000원
ISBN 978-89-350-1512-2 03230

이 책의 한국어판 저작권은 요단출판사가 소유하고 있습니다.
출판사의 사전 승인 없이 이 책의 내용이나 표지 등을 복제, 인용할 수 없습니다.

왜 침례교인인가?
침례교인의 신앙과 역사적 유산

윌리엄 R. 이스텝 지음
김승진 옮김

요단

추천사

　열대야의 폭염이 우리의 일상생활을 허물어버린 지난 여름의 살인적 무더위 속에서 김승진 교수님이 「왜 침례교인인가?: 침례교인의 신앙과 역사적 유산」이라는 역서를 내놓았습니다. 저자인 이스텝(William R. Estep) 박사는 세계적으로 널리 알려진 저명한 재침례교 역사의 권위자요 석학으로서, 약 40년간 미국 사우스웨스턴 침례신학원의 교회사와 역사신학의 교수로 봉직하신 분입니다. 이스텝 박사는 은퇴하신 후, 하나님의 부르심을 앞두고 일생 동안 천착(穿鑿)해 오신 학문의 유작으로 이 책 「왜 침례교인인가?: 침례교인의 신앙과 역사적 유산」 *Why Baptists?: A Study of Baptist Faith and Heritage*을 남기셨습니다.

　이 책은 '침례교인은 어떤 신앙인이며 무엇을 강조해서 믿고 있으며 어떻게 살아가는 사람들인가?' 라는 문제를, 저자가 평생 닦아온 원숙한 학문과 신앙을 바탕으로 함축적이며 간결한 필체로 명료하게 설명해 주고 있습니다. 마치 인생을 은퇴하는 노교수가 마지막으로 결론지어주는 종강(終講) 노트와 같은 글입니다. 저자는 이 책에서 침례교인들의 신약성서적인 도제신앙정신(徒弟信仰精神)과 400여 년의 역사적 자취와 그 유산을 그들의 신앙고백서들(Confessions of Faith)을 토대로 규명하면서, '신앙양심(信仰良心)과 신교(信敎)의 자유'에 대한 침례교인들의 투철한 정신과 불굴의 신앙을 깊이 있게 조명하고 있습니다.

또 이 책은 침례교(Baptism)와 재침례교(Anabaptism) 간의 유사점을 인정하면서도 동시에 그들 간의 차이점을 극명하게 밝혀주고 있으며, 또한 루터교회(Lutheran Church)와 칼빈주의적 개혁교회(Calvinistic Reformed Church)를 비롯한 개신교 신자들과 침례교인들이 어떻게 다르며 어떤 차이가 있는지를 간결하게 해명하고 있습니다.

이스텝 박사의 제자이며 한국 침례신학대학교의 교회사·역사신학 교수로 봉직하고 있는 김승진 박사님은 스승의 유작(遺作)을 사제도(師弟道)의 심혈을 쏟아 우리말로 옮겼습니다. 김승진 교수님은 번역 과정에서 틈틈이 '역자 주(譯者 註)'를 첨가하여, 특정한 인물이나 사건, 운동에 대한 역사적인 배경과 신학적인 의미를 설명하고 있습니다. 이렇게 독자들의 이해를 돕는 자상함은 다른 번역서에서는 찾아 볼 수 없는 금상첨화(錦上添花)의 특색입니다.

그래서 저는 침례교 신앙과 역사를 잘 설명해 주고 있는 이 책을 한국의 침례교인들은 물론 다른 개신교 신자들에게도 적극 추천하며, 필히

일독(一讀)을 권합니다. 이 책을 통하여 침례교인들은 같은 신앙의 선배들이 남겨주고 있는 역사적 유산(遺産)이 무엇인지를 깨닫는데 많은 유익을 얻게 될 것입니다. 그리고 다른 교단 배경의 신앙인들은 자유교회운동(自由教會運動)에서 큰 물줄기를 이루고 있는 침례교인들은 과연 누구이며, 어떤 역사적 배경을 가진 사람들인지 그리고 무엇을 강조해서 신앙생활을 하는 사람들인지를 이해하게 될 것입니다. 이 책을 읽는 모든 분들께 하나님의 평강이 함께 하기를 기원합니다.

2013년 9월 3일

허 긴

역사신학·교회사 교수 역임
전 침례신학대학교 총장

추천사

　　김승진 교수님을 뵐 때마다 참 교육을 위해 애쓰시는 모습이 역력히 보입니다. 이 책은 목회자들과 신학생, 평신도들에게뿐만 아니라, 성경 공부와 지도자 및 제자훈련을 위한 좋은 교재가 될 것으로 확신합니다. 두 사람 사이의 대화에 있어서 진리(眞理)인 것은, 저자와 독자 사이의 대화에서도 마찬가지 원리입니다. 우리에게는 '누구의 작품을 읽고 있는가?', '누구와 이야기하고 있는가?'가 중요합니다.

　　저는 이 책을 읽으면서 제 안에 감춰져 있던 침례교인으로서의 정체성(正體性)이 꿈틀거리는 것을 느낄 수 있었으며, 침례교회의 역사적인 유산(遺産)에 대해 다시 생각해 볼 수 있었습니다. 영국 분리주의 운동 속에서 생겨난 침례교회는 개혁의 강도가 강한 교단입니다. 침례교는 신약성서적인 교회상을 회복하고, 종교의 자유를 지키기 위해 유아세례와 국가교회체제를 거부하고 신자의 침례(Believer's Baptism)와 교회와 국가의 분리(Separation of Church and State)를 주장했던 독특한 교회관으로 인해 유럽과 북미 그리고 세계 곳곳에서 많은 핍박을 받아왔습니다. 그러나 이제 침례교는 세계에서 가장 큰 영향력을 가지고 있고, 가장 많은 선교사들을 파송하는 교단이 되었습니다. 1905년 영국 런던에서 시작되어 5년 정도마다 한 번씩 열리는 침례교세계연맹(Baptist World Alliance) 총회는 이러한 고난의 시절을 지나서 이제는 세계 속에 빛나는 자랑스런 교회가 된 전 세계 침례교인들의 축제입니다.

책의 제목이 독자들에게 큰 관심을 불러일으킵니다. 「왜 침례교인인가?: 침례교인의 신앙과 역사적 유산」 Why Baptists?: A Study of Baptist Faith and Heritage. 이 책의 페이지들 속에서 윌리엄 이스텝(William Roscoe Estep) 박사님의 섬세한 숨결이 느껴집니다. 또한 침례교 신앙과 전통에 대한 핵심적인 내용들을 살펴볼 수 있는 역작임을 느끼게 됩니다. 이 책은 침례교의 신앙과 신학 그리고 역사와 전통에 대해서 명확히 알 수 있게 해주는 귀한 책입니다.

김승진 교수님은 사우스웨스턴 침례신학원에서 교회사·역사신학 박사과정을 마치신 이 책 번역의 적임자이십니다. 10여 년 동안 유학 중에 미국에서 한인 이민교회들을 섬기신 목회자이며, 귀국 후 1996년 1월부터 침례신학대학교에서 후학들을 가르쳐 오시고 책과 논문 등 저술활동에도 열심히 노력하시는 신실한 학자입니다. 이제 김승진 교수님의 번역으로 윌리엄 이스텝 박사의 역작이 이 땅에서 더욱 아름답게 빛을 보게 되었습니다.

우리 침례교단의 모든 신학생들과 목회자들은 이 책을 통해서 더욱 소중한 침례교회의 역사와, 신학과, 침례교도로서의 정체성을 분명히 알 수 있을 것이라고 생각합니다. T. Carlyle은 "책에는 모든 과거의 영혼이 가로 누워 있다"고 말했습니다. 이 책 속에는 우리 침례교단의 영적인 물줄기가 면면히 흐르고 있습니다. 훌륭한 책을 읽기 쉽게 번역해 주신 김승진 교수님께 감사를 드립니다. 기쁜 마음으로 한국의 기독교계와 침례교단 사역자들에게 이 책을 추천하며, 독자 제위께 하나님의 평안이 늘 함께 하시기를 축원합니다.

2013년 10월 3일

고흥식

영통영락침례교회 담임목사
기독교한국침례회 총회장 역임

CONTENTS

추 천 사
추 천 사
역자 서문
저자 서문

서 론
    침례교인들 - 자유교회 사람들   24
    침례교 신앙고백들 - 오해의 원천   31
    침례교 신앙과 직제의 원천들   38
    침례교인들과 다른 교단들   42

제1장 예배와 삶
    다양한 예배형태   53
    교회음악   55
    제자도로서의 기독교   58
    개인적인 차원의 신앙표현   63

제2장 믿음의 본질
    하나님   71
    인간   75
    그리스도 안에서의 하나님의 계시   77
    구원   79
    성서의 역할과 속성   82
    마지막 때   86

제3장 교회와 교회들
    우주적 교회와 지역교회   93
    교회의 본질과 목적   96
    의식들(성례들)   99
    목회   108
    의사결정   112

제4장 교회와 국가
    종교의 자유   123
    하나님의 왕국   131

제5장 침례교인들 이야기
    침례교인의 기원   138
    최초의 특수침례교인들   143
    식민지 시대의 미국 침례교인들   152
    근대선교운동   158
    침례교인들과 연합활동   162

결론

부록 A   《제안과 결론》(1612)   170
    《제1차 런던신앙고백》(1646, 개정판)   171
    《침례교인의 신앙과 메시지》(1963)   175

부록 B   침례교인의 기원에 관한 이론들   178

부록 C   신앙고백과 신조   181
    역사적인 침례교 신앙고백들   184

주)   190

역자 서문

본서의 원제목은 *Why Baptists?: A Study of Baptist Faith and Heritage*인데, 역자가 「왜 침례교인인가?: 침례교인의 신앙과 역사적 유산」이라는 제목으로 번역하여 출간하게 되었습니다. 이 책의 저자는 윌리엄 로스코 이스텝(William Roscoe Estep, 1920~2000) 박사님이신데, 이스텝 박사님은 미국 텍사스주 포트 워스(Fort Worth, Texas)에 위치한 사우스웨스턴 침례신학원 교회사 석좌교수셨습니다. 이스텝 박사님은 연세 77세 때인 1997년에 이 책을 출판하셨습니다. 이 책은 그분의 많은 저작들 가운데 마지막으로 출간한 책이기 때문에, 비록 책의 부피는 그리 많지 않지만 이 책 속에는 그분의 완숙한 신앙과 학문과 삶이 농축되어 있다고 말할 수 있습니다.

1988년, 한국에서는 올림픽의 열기가 무르익고 있었고 저는 미국에서 간간이 텔레비전을 통해서 경기내용을 보았습니다. 역자가 박사과정 입학을 위해서 사우스웨스턴 침례신학원의 여름학기에 등록했을 때, 그

학교에는 미남침례교단을 대표하는 교회사 교수로서 레온 맥베스(H. Leon McBeth) 박사님과 이스텝 박사님이 계셨습니다. 맥베스 박사님(대표적인 저술로 *Baptist Heritage: Four Centuries of Baptist Witness*가 있습니다)은 침례교회사에 집중하셨고, 이스텝 박사님은 종교개혁사, 특히 근원적 종교개혁사(아나뱁티스트들의 역사)에 치중하셨습니다. 이스텝 박사님의 많은 저술들 중에 한국어로 출판된 책은 「르네상스와 종교개혁」(*Renaissance and Reformation* 도서출판 그리심)과 「재침례교도의 역사」(*Anabaptist Story* 요단출판사) 등이 있습니다.

역자는 사우스웨스턴 침례신학원에 재학하며 공부했을 때(1988년 5월~1995년 5월) 두 분의 신앙적 인격과 학문적 업적에 힘입은 바가 적지 않습니다. 특히 이스텝 박사님은 남미계통의 혈통이라서 그런지 외국에서 공부하러 온 유학생들에게 각별한 관심을 가지고 친절하게 대해 주셨습니다. 저는 그분의 강의와 세미나와 토론을 통해서 교회사와 관련한 많은 것을 배웠으며, 특히 16세기 종교개혁 당시 '신자의 뱁티즘'(Believer's baptism)과 '신자들의 교회'(Believer's church)를 주창함으로 인해 로마 카톨릭교회로부터는 물론 주류종교개혁가들로부터도 엄청난 핍박을 받았던 '성서적 아나뱁티스트'(Biblical Anabaptists)를 소개받았고, 그들의 역사와 신앙과 삶을 깊이 있게 공부할 수 있었습니다.

2,000년도 1월에 제가 미국을 방문했을 때, 이스텝 박사님은 은퇴 후 노환으로 투병하고 계셨습니다. 제가 이스텝 박사님을 찾아갔을 때, 그

분은 헬쑥해진 몸을 이끌고 응접실까지 나오셔서 반갑게 저를 맞아 주셨습니다. 그때 박사님은 자신의 마지막 작품인 본서를 저에게 선물로 주셨습니다. 그리고 그해 7월에 박사님은 이 세상을 떠나 하나님의 품에 안기셨습니다. 소천하신 지 13년의 세월이 흘렀지만, 이 책을 번역하는 내내 그분을 추모하게 되었고 그분의 가르침에 또다시 감사하게 되었습니다.

이 책은 자유교회전통(Free Church Tradition)에서 주축을 이루고 있는 침례교인들의 신앙과 삶을 역사적 관점에서 설명하고 있습니다. 그리고 17세기 초의 초창기 영국 침례교인들이 어떠한 신앙적인 확신과 포부를 가지고, '이 땅 위에 어떠한 교회를 세울 것인가'에 대한 기대감과 함께 침례교운동을 전개해 나갔는지를 잘 보여주고 있습니다. 특히 침례교회가 다른 프로테스탄트들과 차별화되는 영역이 교회론 분야인데, 초창기 침례교인들이 국가나 세속적 권력의 후원 없이, 어떠한 비전을 가지고 신약성서적인 교회를 세워나갔는지를 잘 기술해 주고 있습니다. 그것은 16세기 루터, 쯔빙글리, 칼빈 등 주류종교개혁가들(mainstream reformers, 관료후원적 종교개혁가들 magisterial reformers)이 꿈꾸었던 교회를 훨씬 뛰어넘는 것이었습니다. 더 나아가서 이 책은 초창기 침례교인들이 '모든 사람들을 위한 종교의 자유'와 이를 위한 확실한 보장 장치로서의 '교회와 국가의 분리' 원리를 어떻게 성취해 가려고 몸부림쳤는지 그리고 이러한 신약성서적인 원리가 미국 연방헌법(Federal Constitution, 1789)과 제1차 수정헌법(The First Amendment, 1791)에서 어떻게 헌법적으로 명

문화될 수 있었는지를 잘 설명해 주고 있습니다.

이스텝 박사님은 이 책에서 침례교인들의 신앙과 삶의 정체성을 확인하기 위하여 매우 독특한 방법론을 사용하셨습니다. 그것은 초창기 침례교인들의 신앙고백들(Baptist Confessions of Faith)을 검토하는 것이었습니다. 이스텝 박사님은 영국 분리주의자들의 신앙고백인 ≪참 신앙고백≫(A True Confession, 1596), 네덜란드 암스테르담에 머물면서 메노나이트들의 교회로 들어가기 위해 대기하고 있던 상태에서 쓴 존 스마이드(John Smyth)와 그의 추종자들의 신앙고백인 ≪제안과 결론≫(Propositions and Conclusions, 1612), 영국 땅으로 돌아온 토마스 헬위즈(Thomas Helwys)가 양심과 종교의 자유를 위해 쓴 ≪불법의 신비≫(The Mistery of Iniquity, 1612)와 그의 신앙고백 ≪네덜란드 암스테르담에 남아 있는 영국인들의 신앙의 선언≫(A Declaration of Faith of English People Remaining at Amsterdam in the Netherlands, 1611), 영국 일반침례교회의 신앙고백인 ≪표준신앙고백≫(Standard Confession, 1660), 영국 특수침례교회의 신앙고백인 ≪제1차 런던신앙고백≫(The First London Confession, 1644, 1646)과 ≪제2차 런던신앙고백≫(The Second London Confession, 1677, 1688, 총회신앙고백 Assembly Confession, 1689), 그리고 미국 남침례교총회의 신앙고백인 ≪침례교인들의 신앙과 메시지≫(Baptist Faith and Message, 1925, 1963) 등의 신앙고백들을 집중 조명하면서, 침례교인들이 추구했던 신앙과 삶과 신약성서적인 교회관, 종교의 자유, 교회와 국가의 분리 등에 관해 잘 설명해 주고 있습니다.

이 책이 다소 학구적이고 역사적이고 신학적인 내용을 포함하고 있어서 약간은 딱딱하게 느껴질 수도 있겠지만, 침례교 역사와 침례교신앙의 정체성을 진지하게 알아가고자 하는 독자들에게는 많은 도움이 되리라 생각합니다. 교회사나 침례교회사에 생소한 독자들을 위해서는 '역자주'를 틈틈이 달아서 단어의 뜻이나, 인물과 사건의 역사적 배경을 간단하게 설명하였습니다. 이스텝 박사님의 마지막 저술인 이 책이, 한국인 독자들에게 큰 메시지를 알기 쉽게 증거하고 있다고 생각합니다. 본서가 침례교인이 아닌 분들에게는 침례교인들이 무엇을 강조해서 믿고 있는지 그들의 역사적 유산은 무엇인지를 이해하는데 도움이 되기를 바라고, 또 침례교인들에게는 침례교인으로서의 정체성을 더욱 뚜렷이 확립하는데 조금이나마 기여할 수 있기를 바랍니다.

　그리고 본서를 자세히 읽어주시고 수정과 조언을 아끼지 아니하시고, 역자를 격려해 주시고 기꺼이 이 번역서를 독자들에게 추천해 주신 허 긴 박사님과, 담임목사로서 양떼를 위해 불철주야 기도하시고 기독교한국침례회 총회장으로서 매우 분주한 나날을 보내시면서도 선뜻 이 책을 읽어주시고 추천서를 써 주신 고홍식 목사님께 진심으로 큰 감사를 드립니다. 이 책의 출판을 허락해주신 침례교교회진흥원 안병창 원장님과 편집과 교정과 디자인 등으로 많은 수고를 해 주신 요단출판사의 이영림 출판편집팀장님께도 감사를 드립니다. 또한 이 책의 번역과 출판의 모든 과정에서 기도로 격려를 아끼지 않은 아내 안수아와 은정이, 사랑이, 은석이, 소망이에게도 감사의 마음을 전합니다. 이스텝 박사님의 마지막 책을 한국말로 번역할 수 있는 특권을 허락해 주시고, 또한 미국 유학 중에 그분을 만나게 해 주시고 그분으로부터 많은 가르침을 받게 해 주신 하나님께 감사를 드립니다. 이 책을 읽으시는 모든 분들에게 하나님의 은혜와 평강이 충만하게 임하기를 기원드립니다. 감사합니다.

2013년 8월
대전시 유성구 하기동산 연구실에서
김승진 박사

침례신학대학교 교회사·역사신학 교수

저자 서문

본인은 약 43년 동안 신학생들에게 교회사를 가르치는 사역을 감당해 왔습니다. 이 기간 중 40년 동안은 텍사스주 포트 워스(Fort Worth, Texas)에 위치한 사우스웨스턴 침례신학원(Southwestern Baptist Theological Seminary)의 신학대학원에 소속하여 교수로 봉사하였습니다. 그 결과 저는 침례교 신앙과 역사에 대하여 많은 것을 배울 수 있었습니다. 만약 제가 신학생들과 목회자들에게 침례교 역사를 가르칠 기회를 갖지 못했다면 저는 아마 그리 많은 것을 배우지 못했을 것입니다. 그렇다고 저에게 침례교 신앙과 역사에 대한 이해에 어떠한 한계도 없다는 뜻은 아닙니다. 저는 교실의 벽을 넘어서서 지역교회를 중심으로 침례교인으로서의 삶을 살아왔고, 침례교 역사와 신학을 연구해 왔고, 특히 침례교회와 관련한 역사적인 배경을 다소 알게 되었습니다.

목회사역의 경험과 외국에서의 적극적인 선교활동의 경험을 통해서, 저는 어떻게 침례교인들이 공통된 신앙의 기본원리들을 간직하면서도 동시에 다양성을 유지하여 왔는지 이해할 수 있었습니다. 침례교인이 아닌 사람들에게는 조금은 당혹스럽게 느껴질 수도 있겠지만, 본인은 이러한 '다양성 속에서의 통일성'이 효과적인 침례교 증언의 본질적인 요소라고 생각합니다.

주된 독자층이 침례교인들이겠지만, 이 책을 쓰는 저의 목적을 좀 더 명확하게 밝힐 필요가 있겠습니다. 이 책은 침례교인이 아닌 다른 그리스도인을 비난하거나 폄훼하기 위해서 쓴 것이 아닙니다. 그리고 또 21세기를 사는 침례교인들이 과거부터 믿어 왔고 가르쳐 온 것을 과대평가하기 위해서 쓴 것도 아닙니다. 이 책은 독자들로 하여금 침례교인들이 그들의 신앙고백들 속에서 표현했던 기본적인 신앙의 원리들과 확신들, 그리고 그들이 수 세기 동안 그들의 교회에서 실천해 왔던 그리스도인의 삶의 원리들을 이해할 수 있도록 하기 위해 썼습니다. 또한 21세기의 침례교인들이 다른 그리스도인들과 차별화되었던 신앙과 직제의 특징적인 원리들을 저버림이 없이, 어떻게 그들의 신앙을 자신들이 처한 문화 속에서 더욱 효과적으로 증언할 수 있을 것인가 하는 점을 분명히 보여주기 위해 썼습니다.

아마도 다른 교단의 그리스도인들은 침례교인들의 신앙과 역사에 관한 이런 간단한 설명을 읽음으로써 침례교인들을 보다 더 잘 이해할 수 있게 될 것입니다. 저는 하나님의 백성들이 된 당대의 침례교인들과 다른 교단의 그리스도인들을 위하여, 이 소박한 책이 영감과 도전을 줄 수 있게 되기를 간절히 바랍니다. 그리고 이 책을 읽는 모든 독자들이 그리스도 중심의 제자도를 가지고 '믿음 소망 사랑'의 삶을 살아낼 수 있기를 진심으로 기도드립니다. 또한 그리스도인이 아닌 분들이, 예수 그리스도야말로 자신의 삶을 그분께 전적으로 헌신하는 사람들을 크게 변화시킬 능력을 가지신 분임을 확실히 인식하게 되기를 진지하게 기도드립니다. 감사합니다.

텍사스주 포트 워스에서 윌리엄 R. 이스텝
박사
전 사우스웨스턴 침례신학원 교회사 교수

서론

"왜 침례교인인가?"(Why Baptists?)라는 질문은 침례교인들이 처음 지상에 등장한 이후로 많은 사람들이 제기해 왔던 질문이다. 수많은 그리스도인들과 비그리스도인들이 "기독교 역사 속에서 왜 헤아릴 수 없을 정도로 많고 다양한 '분파들'(sects)이 생겨났는가?"라고 질문하는 것은 그리 이상한 일이 아니다. 그러나 이 질문이 타당하다고 할지라도 그러한 질문을 제기하는 사람들 중에 어떤 사람들은 그 질문에 대한 확실한 대답을 가지고 있지 않다.

위와 같은 질문을 진지하게 제기하는 사람들을 위해서 이 작은 책은 무언가 대답을 주게 될 것이다. 그 대답이 모든 사람들의 속을 시원하게 하거나, 또 이미 어떤 확신을 가지고 있는 사람들에게는 전혀 수긍이 되지 않을지라도, 적어도 독자는 "21세기에 침례교인이되는 것이 무엇을 의미하는가?"라는 질문에 대해 어느 정도 감을 잡을 수는 있게 될 것이다. 저자는 반세기 이상 동안 침례교 신앙을 가진 그리스도인으로서 살아온 사람이기 때문에 독자에게 뭔가 이야기해 줄 것이 있다고 생각한다. 그러나 저자는 이 책을 한 개인의 자서전을 강요하듯이 독자에게 들려주려는 의도로 쓰지는 않았다. 물론 오랜 세월 동안 침례교인으로서 살아왔기 때문에 자신도 모르게 그러한 냄새를 피우게 될지는 모르지만 말이다. 이것은 약 400년 동안 여러 대륙들과 섬나라들의 다양한 문화들 속에서 형성된 예배와 삶 – 신앙과 직제 – 의 경이로운 땅을 향한 순례로의 초대이다. 이 순례여행을 하는 과정에서 독자는 어떨 때는 깜짝 놀라기도 할 것이고, 또 어떨 때는 침례교인들에 관한 판에 박힌 오해나 편견을 벗어 버리게도 될 것이다.

침례교인들 – 자유교회 사람들

　세속국가의 군사력이나 재정적인 후원도 없이, 그리고 약 4세기 동안 로마 카톨릭교회나 희랍정교회 혹은 프로테스탄트 국가교회들 (Protestant State Churches, 국가권력이나 공권력을 가진 관료들이나 실력자들의 후원을 입은 종교개혁 Magisterial Reformation의 결과로 발생한 교회들을 가리킨다. 16세기 종교개혁 당시의 루터교회, 개혁교회, 영국국교회 등이 대표적인 개신교 국가교회들이었다 – 역자 주)에 의한 심각한 탄압과 완고한 반대에도 불구하고, 침례교인들이 급속도로 성장해 왔다고 하는 것은 어떠한 관점 – 사회적, 경제적, 정치적, 종교적 – 에서 보더라도 괄목할만한 현상이 아닐 수 없다. 그러나 이러한 관점들 중 어느 것도 침례교운동의 과정을 완벽하게 설명해 줄 수 없을지 모른다. 21세기의 여명기에 처해 있는 침례교인들은 매우 다양한 문화와 인종의 토대 위에서 성장해 왔기 때문이다. 네덜란드에서 피난살이를 하며 자신들의 남은 인생을 살았던 소수의 영국인들(영국의 분리주의자 존 스마이드 (John Smyth)와 그의 일행이 핍박을 피해 1607년경에 암스테르담으로 집단 이주를 해 왔을 때, 워터랜더파 메노나이트 교도였던 빵집 주인 얜 문터 (Jan Munter)가 이들을 불쌍히 여겨 자신의 빵공장에 기거하며 신앙생활을 할 수 있도록 배려해 주었는데, 이들이 메노나이트들의 신앙행습에 영향을 받아 1609년에 신자의 뱁티즘에 근거하는 최초의 침례교회를 세웠다 - 역자 주)로부터 시작한 침례교 운동은 20세기 말에는 약 5,000만 명을 육박하는 수로 성장하였다. 침례교세계연맹(BWA, Baptist World Alliance, 전세계 침례교인들과 침례교단들을 아우르는 국제조직으로 1905년 영국 런던에서 창립되었으며, 1990년에는 BWA 국제대회가 서울에서 열리기도 하였다 - 역자 주)에 각 나라의 총회나 연맹 등의 이름으로 가입한 침례교회들의 교인수가 약 4,000여만 명이나 된다.

침례교운동이 시작된 초창기부터 기독교 신앙에 관한 침례교인들의 이해에는 두 개의 황금줄(two golden threads)이 서로 엮여 있다: 그것은 '선교를 향한 열정'과 '종교의 자유를 위한 열망'이다. 토마스 헬위즈 (Thomas Helwys, 그는 존 스마이드와 결별한 후 1611년 혹은 1612년에 영국으로 다시 돌아와 런던 근교 스피탈필드 Spitalfield에서 새롭게 침례교회를 시작하였는데 이로 말미암은 교회들을 일반침례교회 General Baptist Church라고 불렀다 - 역자 주)가 10여 명의 추종자들을 이끌고 암스테르담에서 다시 영국 땅으로 돌아갔을 때, 그들이 영국인들과 함께 나누고자 했던 신앙의 주된 내용은 네덜란드에서 새롭게 발견한 종교의 자유 개념이었다. 종교의 자유에 관한 기본적인 원리를 제시했던 사람이 바로 헬위즈였고, 그는 「불법의 신비」 (The Mistery of Iniquity, 이 글은 양심과 신앙의 자유를 주장한 최초의 침례교 문헌인데 1612년에 당시 영국왕 제임스 1세에게 헌정하였다. 이로 인해 그는 투옥되어 결국 옥사하였다 – 역자 주)라는 글을 통해서 이 사실을 선포하였다:

> 오 왕이시여, 들으소서. 불쌍하기 그지없는 사람을 무시하지 마십시오. 이 사람의 불평 섞인 요청을 귀하에게 드립니다. 당신은 결국 죽을 수밖에 없는 사람이지, 하나님이 아닙니다(The King is a mortal man, and not God). 그렇기 때문에 당신에게는 당신의 백성들의 불멸의 영혼을 지배할 권력과 그들의 영혼을 구속할 법률이나 규정을 만들 권력, 그리고 그들 위에 영적인 권력자들을 세울 권력이 없습니다.[1]

이 글에서 헬위즈는 단지 침례교인들만을 위한 자유가 아니라, 유대인들과 교황주의자들(로마 카톨릭 교인들)과 터키 사람들(무슬림들)의 종교의 자유까지도 주장하였다. 그는 "그들이 이단자이든 터키 사람이든 유대인이든 어떤 종교를 가진 자이든, 땅에 속한 권력으로 그들을 벌해서는 결코 안 된다는 것입니다"라는 결론으로 종교의 자유에 관한 자신의 의견을 명확하게 개진하였다.

이러한 신앙으로 인하여 헬위즈는 뉴게이트 감옥에서 옥사했는데, 이와 같은 신앙으로 유대인들에게까지 종교의 자유가 베풀어져야 한다고 탄원했던 사람이 헬위즈만은 아니었다. 약 400여 년 전에도 침례교인들은 섬나라 영국에서 강제 추방당했던 유대인들을 다시 귀환할 수 있도록 요청했었다. 그렇기 때문에 미국 땅에서 최초의 두 유대교 회당이 침례교인들이 숫자적으로 우세했던 사우스 캐롤라이나주와 로드 아일랜드주에서 생기게 된 것은 결코 우연이 아닌 것이다. 더 나아가 버지니아주에서 종교의 자유를 위해서 투쟁했던 침례교인들의 노력과 존 리랜드(John Leland), 조지 이브(George Eve), 아론 블래드소(Aaron Bledsoe), 류벤 포드(Reuben Ford) 등을 포함한 많은 침례교 목사들의 설득으로 인하여, 제임스 매디슨(James Madison)은 완전한 종교의 자유를 보장하는 '제1차 수정헌법'을 연방의회에 제출하였다(원래는 제3차 수정헌법이었는데, 첫 두 수정헌법들이 식민지주들의 재가를 얻는데 실패했기 때문에 이것이 결과적으로 제1차 수정헌법이 되었다 – 역자 주).

미국의 역사가들은 '제1차 수정헌법'으로 인하여 미국혁명(American Revolution)이 고유한 독특성과 지속적인 중요성을 가지게 되었다는 데에 일반적으로 동의하고 있다. 이전에도 다른 나라에서 혁명들이 여러 차례 있어 왔지만, 국교적 지위를 가진 교회의 속박으로부터 국가를 해방시키는 결과를 가져온 혁명은 없었다. 단지 로저 윌리엄즈(Roger Williams)와 존 클라크(John Clark)에 의해 창립된 뉴 잉글랜드 지역의 로드 아일랜드주에서만이, 교회와 국가의 제도적인 분리에 입각해서 유대인들과 무신론자들을 포함한 모든 시민들에게 종교의 자유원리가 실천되고 있었다. 후속적으로 미국의 상황에서는 예배의 권리와 개인의 종교적인 확신을 일상생활에서 실천해 내는 권리가 법률에 의해 인간의 기본권으로 인정되었는데, 이러한 권리를 미국의 '연방헌법'(Federal Constitution, 1787년에 의회에서 채택되고 각 주의 재가를 받아 1789년에 공포된 미국의 헌법이다 - 역자 주)과 '권리장전'(Bill of Rights, 제1차부터 10차까지의 수정헌법을 미국의 권리장전이라고 부르는데, 인간의 천부적인 기본권을 규정하고 있는 헌법적인 내용이다 - 역자 주)이 뒷받침해 주고 있다.

처음부터 침례교인들은 의심의 눈총을 많이 받을 수밖에 없는 사람들이었다. 왜냐하면 그들은 백성들의 종교적인 삶을 통제하던 왕들과 고위 성직자들의 전통적인 역할을 거부했기 때문이다. 결과적으로 그들은 차별과 핍박의 대상이 되지 않을 수 없었다. 미국 식민지들에서도 그들은 종종 이류급의 시민들로 취급당했고 추방과 감금을 당하기 일쑤였다. 존 클라크 박사는 로드 아일랜드주 뉴 포트에서 활동했던 침례교 목사이면서 의사였는데, 보스톤 교외에 살고 있던 시각장애자이며 침례교 신자인 윌리엄 위터(William Witter)의 집에서 예배를 인도했다는 이유로 보스톤 시청 앞에서 채찍질을 당하기도 했고 오바댜 홈즈(Obadiah Holmes)와 존 크랜달(John Crandall)과 함께 투옥 당하기도 했다. 하버드 대학의 초대학장이었던 헨리 둔스터(Henry Dunster, 그는 원래 회중교도였지만 신약성서를 연구하면서 신자의 침례가 성서적임을 깨닫고, 자신의 어린 아이를 유아세례 받도록 내놓는 것을 거부함으로써 상당한 사회적인 지위와 명성이 보장되었던 학장직을 헌신짝 버리듯이 포기해 버렸다 - 역자 주)는 뱁티즘에 관한 자신의 침례교적인 확신으로 인해 학장직에서 쫓겨나야만 했다. 식민지 시대 버지니아주에서는 90여

명의 침례교 설교자들과 평신도들이 복음을 설교했다는 이유로 투옥되기도 했고 때때로 채찍에 맞기도 했다. 노스 캐롤라이나주에서는 영국국교회 교인인 주지사 윌리엄 트라이온(William Tryon)이 그 지역의 침례교 운동을 말살하기 위한 명백한 목적으로 6개의 침례교인들의 집회소들에 자신의 전투부대를 투입하였다. 침례교 젊은이들은 영국에서처럼 식민지들에서도 대학교육을 받을 기회를 박탈당하였다. 후에 뉴 잉글랜드 침례교인들은 로드 아일랜드주의 프라비던스에 로드 아일랜드 대학(로드 아일랜드 대학은 침례교 목회자들과 지도자들을 양성하기 위한 침례교 교육기관으로서 1764년에 설립되었는데, 현재는 미국 동북부지역의 유명 사립대학교들의 연합체인 아이비리그 Ivy League 가운데 하나인 브라운 대학교 Brown University가 되었다 - 역자 주)을 설립하는데 성공하였다. 그 대학은 종교적인 배경에 관계없이 종교적 취향이 다르더라도 모든 학생들에게 입학의 문을 열어놓았다.

근대 선교운동이 윌리엄 캐리(William Carey)와 영국의 젊은 침례교 목회자들과 헌신적인 평신도들에 의해서 태동하였다. 이들은 지구의 반대편에 있는 대륙에서 복음을 선포할 선교사들을 파송하기 위해 하나님께서 해외선교단체를 조직하기를 원하신다는 확신을 갖게 되었다(윌리엄 캐리와 앤드류 풀러에 의해서 1792년에 침례교선교협회 Baptist Missionary Society가 결성되었고, 이듬해인 1793년에 의사 토마스 가족과 함께 캐리와 가족들이 인도 동북부 캘커타로 파송됨으로써 근대선교운동이 시작되었다 - 역자 주). 캐리 이전에 인도와 주변 나라들에서는 모라비아 선교사들이 선교활동을 하고 있었는데, 이들은 덴마크의 왕실 즉, 세속정부로부터 부분적으로 재정적인 후원을 받고 있었다. 침례교선교운동에 의해 조직된 해외선교단체는 토마스 가족과 캐리 가족들을 해외선교사로 파송함으로써, 비록 소수일지라도 헌신되고 같은 마음을 가진 그리스도인들이라면 세속정부의 후원이나 도움이 없이도 선교사들을 파송하는 것이 가능하다는 사실을 입증하였다. 다른 교단들도 곧 침례교의 모본을 따랐는데, 10년 내에 영국과 미국에서 수많은 해외선교단체들이 생겨나게 되었다. 일부 소수 침례교인들은 존 라일랜드(John Ryland, Sr.)가 주장한 "하나님께서는 당신과 나의 도움이 없이도 이방인들을 구원하실 것이다"(캐리 당시의 영국침례교회 내에서는 극단적 칼빈주의자들 Hyper-calvinists이 영혼구원과 선교를 위한 인간들의 최선의 노력을 부질없는 것으로 여기면서 이러한 주장을 하기도 하였다 - 역자 주)라는 확신을 가지기도 했지만, 그러나 이러한 주장이 침례교인들 사이에서는 대세를 이루지는 못하였다. 대다수의 침례교인들은 헌신적인 선교적 노력이 있어야만 하나님 나라를 확장하고 온전한 기독교를 이룰 수 있다고 확신하였다. 침례교인들은 로마서 10장 14~17절에 나오는 바울의 명령과 마태복음 28장 19~20절에 계시된 그리스도의 지상명령을 매우 진지하게 받아들였다.

침례교 신앙고백들 – 오해의 원천

예를 들어 《니케아 신조》나 《아우그스부르크 신앙고백》과 같은 역사적인 신조들(신조 혹은 신경은 '이렇게 믿어야 한다는 당위'를 규정하고 있으며, 인간들이 만들어 낸 글귀이지만 성경과 대등한 권위를 가지고 있으며 구속성, 계속성, 보편성, 무오류성, 최종성을 가진다고 믿는 글이다 – 역자 주)과는 달리, 침례교 신앙고백들(신앙고백은 일정한 시대와 일정한 지역의 그리스도인들이 발표한 '우리는 이렇게 믿는다는 신앙적인 진술'이며, 그러므로 시대와 장소에 따라서 신앙고백마다 강조점이 다를 수 있으며, 심지어 인간들이 만들어 낸 글귀이므로 오류도 있을 수 있고 그렇기 때문에 수정도 가능하다고 보며 그것이 신자의 양심을 구속할 수는 없다고 보는 글이다. 오직 66권의 성경만이 신앙과 삶의 최종 권위가 된다고 믿는다 – 역자 주)은 자신들의 진술된 믿음에 동의하지 않는 사람들을 결코 저주하지 않았다. 침례교인들은 교회, 뱁티즘, 선교, 종교의 자유 등에 관한 자신들의 확신을 꾸준히 견지해 왔지만, 그렇다고 해서 침례교인들만이 참 그리스도인이라거나 자신들만이 천국열차를 탄 유일한 그리스도인들이라고 주장하지 않았다. 침례교인들은 한 사람의 구원과 영원한 운명을 결정하는 결정적인 요소는 '그리스도와의 개인적인 관계'라고 믿었다. 그렇기 때문에 그들은 자신들의 믿음을 다른 사람에게 강요할 목적으로 신앙진술을 사용하려고 하지 않았다. 그런데 이러한 신앙진술들이 이성적으로 정확하다면, 왜 침례교인들은 과거에 그리고 현재에도 종교의 지배를 받는 세속정부들로부터 그토록 혹독한 박해의 대상이 되었던 것일까? 이러한 질문에 대한 답변은 국가에 따라 문화에 따라 다를 것이다. 좀 더 자세하게 검토해 보면 국가교회들(state churches, 세속국가로부터 배타적인 후원과 비호를 받는 교회나 교파를 말한다 - 역자 주)과 교회국가들(church states, 특정 교회나 교파와 결탁하거나 제휴한 세속국가를 말한다 - 역자 주)이 침례교인들을 향해 가졌던 적대와 박해의 동기가 무엇이었는지 잘 알 수 있다.

침례교 신앙고백은 자신들의 믿음에 동의하지 않는 사람들을 저주한 적이 없지만, 다른 일부 기독교 교단들은 침례교인들이 유아세례를 유효한 기독교 뱁티즘으로 인정하지 않는다는 사실에 분개한다. 그들은 침례교인들이 유아세례를 인정하지 않기 때문에 결국 유아세례를 행하는 다른 그리스도인들을 거부한다고 느낀다. 좀 더 구체적으로 말하면, 유아세례가 아담의 죄를 씻어주기 때문에 구원을 위해서는 필요불가결하다고 주장하는 사람들은, 신자의 뱁티즘(오직 예수 그리스도에 대한 신앙을 고백하는 신자에게만 베푸는 뱁티즘 - 역자 주)을 주장하는 침례교인들이 아이들의 구원을 위태롭게 하며 유아세례를 게을리함으로써 세례받지 않은 아이들을 저주하여 그리스도가 없는 무덤(Christless grave)으로 인도한다고 믿는다. 그러나 이러한 주장은 확실히 오해에 불과하다. 왜냐하면 침례교인들은 아이들이 어린 시절부터 하나님과 하나님의 사랑 그리고 예수 그리스도 안에서 얻게 되는 구원에 관해 가르침을 받아야 한다고 믿으며, 그렇지만 어떠한 아이도 '도덕적으로 책임을 질 수 있는 나이'에 이르기까지는 그리스도를 따르겠다고 하는 책임 있는 결정을 할 수 없다는 사실 또한 믿기 때문이다. 오직 어떤 사람이 그리스도에게 자신의 삶을 드리겠다고 헌신한 후에야, 그 사람에게 뱁티즘을 베푸는 것이 그리스도인의 삶에서 의미 있는 일이다. 신약성서가 가르치고 있고 모범으로 보여주고 있는 삶이 바로 이러한 것이다.

종교의 자유에 관한 침례교인들의 믿음 역시 기득권을 가진 국가교회로서의 지위를 오랫동안 누려왔던 교단들에 의해 오해를 받아왔다. 이러한 교단들은 지금도 여전히 세속국가가 자신들을 우선적으로 대우해 주어야 한다고 믿으며, 국가가 교단에서 운영하는 학교와 교회의 프로젝트들을 위해서 배타적으로 재정적인 지원을 해 주어야 한다고 믿는다. 백성들의 종교적인 삶을 국가가 통제해 주기를 바라는 바램은 동유럽에서, 특히 오늘날 정교회에 의해서 침례교인들을 괴롭히고 차별하고 박해하는 동기로 작용하고 있다. 이와 같은 태도로 인하여 '종교적인' 사람들은 자신들이 믿는 하나님이나 신적인 존재들의 이름으로 어린 아이들을 살해하는 등의 잔인함을 드러내고 있다. 근동지방에서 살벌한 증오의 전쟁이 벌어지고 있는 레바논 사태와 보스니아 내전은 세속국가가 '하나님께서 명령하신 목적'을 성취하기 위해서 얼마나 악마적인 일을 자행할 수 있는지를 생생하게 보여주는 예들이다. 역사적으로 침례교인들은 세속정부의 적절한 역할을 잘못 이해하여 특정 종교의 유익을 위해 전쟁을 부추기는 어떠한 시도도 거부해 왔다. 비록 그것이 침례교인들을 위한 전쟁이라 할지라도 마찬가지로 거부하였다.

종교적인 박해가 20세기에도 계속 자행되고 있는 현실의 문제라는 것은 오늘날 세계 곳곳의 분쟁지역으로부터 시시때때로 전해지는 뉴스를 통해서 확인되고 있다. 예를 들어 1994년 8월 26일, 필리핀사람 8명의 침례교인들이 계약노동자로 사우디아라비아에 와서, 개인집에서 예배를 드리고 있을 때, '종교심이 많은 경찰들'이 그 예배현장에 들이닥쳤다. 그들 중 2명은 3개월 동안 감옥살이를 했고 그들의 지도자는 독방에 감금을 당했다. 결국 그들은 모두 그 나라에서 강제 추방을 당했다. 이와 비슷한 뉴스가 방송되었는데, 소말리아에서는 세 명의 침례교인들이 자신들의 믿음으로 인하여 처형을 당했다. 그 다음날에는 120명의 그리스도인들이 처형되었다는 소식이 공공연히 떠돌았다. 최근에 이집트에서는 22살의 젊은이가 5년 전에 무슬림 신앙을 버리고 기독교로 개종했다는 이유로 투옥되었다. 이와 비슷하거나 더 혹독한 종교적인 박해사건들이 불가리아, 파키스탄, 이란, 인도, 미얀마, 방글라데시, 나이지리아 등지에서 발생하였다. 이러한 나라들에서 증오는 너무나 심각해서, 지구상에서 평화의 노래는 조롱을 당하고 이웃 사람들을 향한 선의는 희롱을 당하였다.

침례교인들이 전통적으로 강조해 왔던 '교회와 국가의 분리' 원칙은, 그들이 수도원으로 들어가기 위해서 현실적인 삶의 현장을 포기했다거나 종교적인 믿음과 삶을 사적인 영역으로만 국한시키는 태도를 옹호했다는 것을 의미하지 않는다. 오히려 침례교인들은 성령의 능력을 힘입어 인간의 필요를 채워 줌으로써 신실한 제자도의 삶과 증인의 삶을 살고자 했으며, 영적인 수단인 설득을 통해서 그리스도의 목적을 성취하려고 하였다. 침례교인들은 공적인 영역을 이 세상의 신들에게 굴복시키려고 의도하지 않았으며, 처음부터 세속정부가 교회에서 예수 그리스도의 주권을 대체하도록 허용하기를 거부하였다. 그들에게는 하나님의 최종적인 말씀이 모세에게서가 아니라 그리스도에게서 나왔다는 확신이 있었다(히 1:1~2). 예수 그리스도 안에서 계시된 하나님의 속성은 '자신의 뜻을 어떤 사람들에게 강요하시는 하나님'이 아니라, '모든 백성들을 믿음과 믿음의 삶으로 초대하시는 하늘에 계신 아버지'인 것이다. 존 스마이드(John Smyth)는 이 사실을 1612년에 발표한 그의 신앙고백, ≪제안과 결론≫(Propositions and Conclusions)에서 다음과 같이 진술하였다: "오직 그리스도만이 왕이시고 교회와 양심의 입법자이시다(약 4:12, Christ only is the king and lawgiver of the church and conscience)."[2]

침례교인들에게 침례교(Baptist)라는 이름이 붙여진 행위 즉, '침례'(Baptism by Immersion) 역시 어떤 사람들에게는 모욕적으로 여겨지고 있다. 종교개혁 당시에 침례교인들을 다른 개혁운동들로부터 제일 먼저 구분하는 행습이 된 것이 바로 침례였다고 하는 것은 결코 우연이 아니다. 그것은 다른 어떤 행습보다도 침례교운동의 특징을 잘 상징해 주었다. 그것은 침례교인들이 회심체험의 중요성을 강조했다는 것을 의미한다. 그것은 신생(new birth)의 체험을 드라마처럼 보여주는 것이었다. 즉, 옛 삶이 죽어 장사 지낸 바 되고 그리스도와 함께 새로운 삶으로 부활했다는 것을 생생하게 보여주는 것이었다. 그것은 또한 순종하는 제자도의 행위로 여겨졌다. 그것은 침례를 받는 자가 그리스도의 죽으심과 장사되심과 부활하심을 믿는 믿음을 의미하였기 때문에, 그것은 복음 선포의 행위로 이해되었다. 침례교인들은 강요받은 뱁티즘은 전혀 성서적인 뱁티즘이 아니라고 주장해 왔다. 왜냐하면 뱁티즘의 진정성은 자원하는 마음에 있기 때문이다. 침례교인들은 자원하는 마음으로 그리스도를 주와 구주(Lord and Savior)로 믿기로 개인적인 결단을 해야 한다고 믿고 있다. 바로 이렇게 예수 그리스도를 마음 속에 영접하고 침례를 받는 자는, 이미 침례 받은 신자들의 가시적인 교제인 교회의 회원이 되는 것이다.

침례는 여전히 어떤 사람들에게는 걸림돌로 남는다. 왜냐하면 그것은 세상과 세상의 전통, 미신 그리고 세상의 신들로부터 최종적으로 결별하는 것을 의미하기 때문이다. 침례교인들에게 있어서 기독교적인 침례는 책임적인 결정을 할 수 있을 만큼 어느 정도 성장한 자의 개인적인 결단을 요구한다고 믿는다. 침례를 이렇게 이해할 때, 유아세례나 매우 어린 아이들에게 베푸는 뱁티즘은 합리적이지도 않고 성서적이지도 않다. 어린 아이든 어른이든 간에, 뱁티즘을 받기 전에 그리스도를 믿고 따르고자 하는 결단이나 헌신이 없는 자에게 뱁티즘을 베푼다고 하는 것은 아무런 의미도 없고 진정성도 없다고 침례교인들은 믿기 때문이다.

침례교 신앙과 직제의 원천들

침례교인들은 자신들을 다른 그리스도인들, 심지어 다른 복음주의자들로부터 차별화하는 이러한 생각들을 어디에서 가져왔을까? 일반적인 답변은 성서이다. 기독교에 관해서 어느 정도 안다고 하는 사람들은 누구나 거의 모든 교단들이나 교회들 역시 그들의 신앙과 직제를 성서로부터 가져왔다고 주장한다. 이것이 어느 정도 사실이기는 하지만, 그러나 성서는 해석이 되어야 하는 책이고 어떤 결정적인 요인들 때문에 어떤 해석들은 오류를 낳기도 한다. 어느 신앙행습들은 성서적인 계시 그 자체에 기초한 이해보다는 전통이나 철학이나 다른 문화적인 요소들에 더 많이 기인하는 해석에 근거하여 행해지기도 한다.

침례교인들이 그들의 역사적인 신앙고백들에 제시된 성경해석이 전혀 무오류하다고 주장하지는 않지만, 그들은 교회를 위한 가이드라인으로서 신약성서를 주목한다. 그래서 그들은 종종 그들의 교회를 '신약 성서적 교회'라고 부른다. 이것은 침례교인들이 믿음의 공동체를 구성하려고 할 때 신약성서에 묘사되어 있는 교회들의 다양한 패턴에 기초하고자 하는 이상이다. 확실히 이러한 이상은 교회당 건물이나 프로그램이 아니라 신앙과 직제의 원리들에 제한되어 있다. 이러한 원리들을 적용함에 있어서 침례교인들은 토마스 아퀴나스에 의해 사용된 아리스토텔레스의 방법론이나, 중세교회의 전통적인 칠성사(seven sacraments)나, 교회와 교회의 의식들에 관한 다른 견해들이 신약성서의 빛에 따라 검증이 되어야 한다고 믿는다. 왜냐하면 신약성서만이 자신의 교회를 향하신 그리스도의 의도를 가장 명확하게 밝혀 주고 있기 때문이다. 신약성서 이외의 다른 어떠한 기록물들도 독자들에게 하나님의 계시의 참 기록을 제공해 주지 못한다. 하나님께서는 제자들과 교회를 향한 자신의 뜻을 최종적인 권위가 되시는 그리스도의 인격과 사역을 통해서 역사적으로 계시해 주셨다. 이러한 확신이 「침례교인들의 신앙과 메시지」(*The Baptist Faith and Message*, 1963)에 간결하게 진술되어 있다:

> 침례교인들은 살아있는 신앙을 고백하는 사람들이다. 이러한 신앙은 어제나 오늘이나 영원토록 동일하신 예수 그리스도에 뿌리를 내리고 있고 기초를 두고 있다. 그렇기 때문에 침례교인들에게 있어서 신앙과 실천의 유일한 권위는 그 뜻이 성서에 계시되어 있는 예수 그리스

도이시다.3)

　기독교 제자도와 교회의 속성에 관한 침례교인들의 이해에 있어서 신약성서가 우선적인 권위를 가진다고 하는 것은 여러 침례교 신앙고백들에 잘 나타나 있다. 그들은 그리스도의 권위에 호소하고 있으며 신앙고백을 채택하는 특정 침례교 그룹들마다 성서가 가르치고 있는 것을 진술한다고 주장하고 있다. 그러나 그들은 자기 자신들에게 최종적인 권위가 있다고 주장하지 않는다. 왜냐하면 신앙고백이란 변할 수도 있기 때문이다. 모든 침례교 신앙고백들이 동일한 가치를 가지고 있지는 않다. 많은 신앙고백들이 종종 적절하지 못한 것도 있고 도움이 되기에는 지나치게 간략한 것들도 있다. 신앙고백들이 다양하고 그것들이 완전하기도 하고 부족하기도 한 것은 신앙고백의 항목들을 작성하고 그 목적을 진술한 침례교 그룹들 때문에 그러한 것이다. 초창기 침례교 신앙고백들은 종종 침례교인들에 대해 적대적인 세속정부를 향해서 자신들은 무엇을 진심으로 믿고 있으며 자신들은 어떻게 믿음의 삶을 살려고 노력하고 있는지를 설명하고 변호할 목적으로 작성되었다. 침례교인들은 신앙고백을 채택할 수밖에 없는 상황들을 반영해 주고 있으며, 그 당시에 강조해야 할 주요 이슈들을 교회나 지방회에 환기시켜 주고 있다.

　17세기 첫 10년 동안 채택된 초창기 신앙고백들에 잘 나타나 있듯이, 침례교인들은 영국의 태양 아래에 새로운 것을 만들어 내고자 하였다. 비록 그들이 영국의 회중주의자들이나 네덜란드의 메노나이트들과 신학적인 공통분모를 가지고 있기도 했지만, 신앙과 직제에 있어서는 그들과 결코 동일하지 않았다. 회중주의자들처럼 각 침례교 회중은 독립적이긴 했지만 동시에 비슷한 마음을 가진 다른 교회들과 연합적인 사업을 위해 협력하였다. 초창기 침례교인들은 메노나이트들처럼 신자의 뱁티즘을 고수했는데, 메노나이트들은 주로 관수례(affusion)의 방법으로 뱁티즘을 베풀었지만 침례교인들은 몇 년 이내에 일관되게 침수례(immersion)에 의한 뱁티즘을 베풀기 시작하였다. 초창기 침례교인들 중 일부는 메노나이트들처럼 평화주의자들이었지만 그러나 대다수는 그렇지 않았다. 모든 초창기 침례교인들은 메노나이트들처럼 종교의 자유에 대한 믿음을 확실하게 가지고 있었지만 회중주의자들은 그렇지 않았다. 침례교인들은 메노나이트들처럼 세속정부가 교회생활에 간섭하는 권리를 단호히 거부했지만, 메노나이트들보다는 국가에 대하여 보다 더 적극적인 태도를 취하였다.

2명의 목사들(1611년 혹은 1612년에 암스테르담으로부터 영국으로 돌아온 침례교 지도자 토마스 헬위즈와 존 머턴 목사를 의미한다 – 역자 주)이 자신들의 신앙 때문에 감옥에서 죽었으며, 10명에서 12명 정도의 신자들로 이루어진 가정교회로부터 시작된 초기 침례교운동은 오늘날 복음적인 진영 내에서 매우 큰 잠재력을 가진 영향력 있는 교회가 되었다. 다양한 침례교 교단들과 협력하고 있는 교회들 외에도 무교파적인 독립침례교회들(성서침례교회도 그 중의 하나다 – 역자 주)도 적지 않은데, 이들 역시 나름대로 침례교적인 신앙과 직제를 가지고 있다.

침례교인들과 다른 교단들

　근대 에큐메니컬 운동에 대한 침례교인들의 반응은 다양하고 복잡하지만, 대다수의 침례교인들이 '기능적인 연합정신'(functioning ecumenicity)을 가지고 있는 것은 의심할 여지가 없다. 예외가 있기는 하지만 침례교인들은 그리스도의 몸인 '우주적 교회' 개념을 가지고 있다. 이것은 유대적인 의미에 있어서 하나님의 모든 백성들, 다른 말로 하면 시대와 장소를 초월해서 회개와 믿음으로 예수 그리스도께 자신과 자신의 삶을 드린 신자들로 이루어진 교회를 말한다. 이러한 신자들은 스스로를 예수 그리스도의 제자들로 여기며, 시몬 베드로처럼 "주는 그리스도시요 살아계신 하나님의 아들이시니이다"(마 16:16)라고 고백한 사람들이다. 침례교인들은 이와 같은 믿음을 공유한 사람들을 그리스도 안에서 형제자매로 여긴다. 우주적 교회 개념은 교회회원이나 뱁티즘에 기초한 관계가 아니라 그리스도와의 공통된 관계 즉, 믿음을 공유하고 있다는 면에서 연합의 근거가 된다.

비록 침례교인들이 세계교회협의회(World Council of Churches)나 그 산하기관인 국가별 협의회들(National Councils)에 대하여 다양한 반응을 보이고 있기는 하지만, 일반적으로 그들은 신앙의 공통분모를 가지고 있는 다른 기독교 교단들과 연합하는 방법을 모색하고 있다. 침례교인들은 여러 가지 방법으로 '예수님의 지상명령에 충실한 그리스도인들'과의 연대를 모색하고 있다. 이와 같은 협력을 위한 노력의 방식은 상대적으로 새로운 것이긴 하지만, 침례교인들이 추구해 왔던 에큐메니컬 정신의 원리는 결코 새로운 것이 아니다.

세계선교의 역사에서 침례교인들은 다른 교단의 선교사들과 함께 협력하며 사역하는 일에 큰 어려움을 느끼지 않았다. 그들은 강단교류를 하기도 하였고, 상호 교제의 시간을 즐기기도 하였고, 함께 사역하기도 하였으며, 함께 순교하기도 하였다. 그러나 침례교인들은 형식에 얽매인 에큐메니컬 연결고리들에 대해서는 항상 불편함을 느껴왔다. 여기에는 몇 가지 이유가 있다. 예를 들면 침례교인들은 자신들을 평등한 파트너로 일하기를 거부하는 사람들과 그리스도 안에서의 형제자매로 존중하기를 거부하는 사람들과는 '조직에 얽매인 관계'를 맺고 협력하는 것이 불가능하지는 않지만 상당히 어렵다는 것을 알게 되었다. 침례교인들은 다양한 교파들이 공존하는 기독교세계에서 하나의 세계교회기구(one world church organization)를 추구하는 사람들의 노력에 대해 의심을 갖지 않을 수 없었다. 그들은 자연히 회원교단들에 대해서 어느 정도의 획일성을 강요하지 않을 수 없었고, 그렇게 되면 그러한 회원교단들의 그리스도인들은 그리스도 안에서 누릴 수 있는 자유를 박탈당할 수밖에 없었기 때문이었다. 침례교인들은 다른 사람들이 기독교적인 연합이라는 이름으로 그리스도의 주님 되심을 훼손하고자 하는 것을 허용하지 않으면서, 비공식적인 복음적 에큐메니컬 운동에는 적극적으로 참여해왔다. 침례교인들은 예수 그리스도 안에서 '하나님께서 주신 연합' 즉, 그리스도를 구주와 주님으로 믿고 있는 모든 신자들을 영적으로 하나로 엮어주는 연합을 모색해 왔는데, 이러한 연합이 말로 표현할 수 있는 것보다 훨씬 더 효과적인 협력의 관계로 이끈다는 사실을 알게 되었다.

다음의 장들에서 우리는 서론에서 간단히 언급했던 침례교인들의 신앙과 직제의 다양한 특징들에 대해서 보다 더 자세하고 심도 있게 논의할 것이다.

Why Baptists?

가장 기본적인 침례교 교회론의 특징은 어른이든 어린 아이든 상관없이 침례를 받기 전에 그리스도를 구주요 주님으로 영접하는 분명한 개인적인 결단과 헌신이 있어야 한다는 점이다.

제1장 예배와 삶

다양한 예배형태
교회음악
제자도로서의 기독교
개인적인 차원의 신앙표현

제1장
예배와 삶

　침례교인들이 '자유교회 사람들'(free church people, 자유교회란 유아세례 전통과 국가교회 체제를 거부하고 개인의 자발적이고 자유로운 의사에 따라 예수 그리스도를 체험적으로 만나 거듭나는 것을 강조하는 신앙 전통의 교회를 가리킨다. 이들은 신자의 뱁티즘에 의한 신자들의 교회, 교회와 국가의 분리, 성령에 의한 신앙체험, 중생한 자들로 교회회원을 삼는 교회, 신앙의 자유, 민주적 회중정치 등을 강조한다. 16세기 아나뱁티스트들로부터 시작된 자유교회운동의 흐름에서 침례교인들은 가장 큰 지류를 형성하고 있다 - 역자 주)이라는 사실은 그들의 교회에서 행해지고 있는 다양한 예배 행습들에서 잘 드러난다. '전례적인 교회전통'(liturgical church tradition, 성례전주의와 성직자계급제도에 근거하고 예배를 드릴 때 성례와 질서 있고 엄숙한 예배순서를 강조하는 교회전통 - 역자 주)에 익숙해져 있는 사람들에게는 침례교회의 예배가 혼란스럽고 무질서하게까지 보일런지 모른다. 다음의 체험적인 이야기들이 이러한 점을 잘 시사해 줄 것이다.

몇 년 전에 담임목사가 궐석 중인 어느 교회의 주일저녁 예배에 내가 초청을 받게 되었는데, 나는 그 기회를 이용하여 미주리주 세인트루이스에 있는 콘코르디아 신학원(Concordia Theological Seminary)에서 종교개혁사 강의를 듣고 있던 몇 학생들을 그 예배에 참석하도록 인도하였다. 예배당은 도시 지역에 있는 전형적인 침례교 건물이었다. 비교적 새로운 건물이었는데 고딕식도 아니고 로마네스코식도 아니었다. 약 700명 정도가 앉을 수 있는 회중석을 가지고 있었고 강대상이 놓인 자리는 실용적으로 꾸며져 있었다. 강단은 낮은 바닥 한 가운데에 놓여 있었고, 오르간이 한 쪽 편에, 피아노는 다른 한 쪽 편에 놓여 있었다. 성가대석은 강단 바로 뒤쪽에 있었고, 바로 그 뒤로는 침례탕이 있었다. 예배가 시작되자 찬송가와 복음성가로 이루어진 회중찬송들이 울려 퍼졌으며 수백 명의 교인들이 그들의 목소리로 찬양을 하였다. 부목사와 평신도 지도자들이 강단에서 몇 가지 광고를 하였고, 집사 한 명이 헌금기도를 하고 헌금과 특별찬양이 드려진 후 내가 약 30분 정도 설교를 하였다. 설교 후에는 찬송을 부르면서 어떤 결단을 할 필요가 있는 교인들은 앞으로 나오라는 초청순서가 있었다. 축도 후에 예배는 은혜롭게 마무리되었다.

콘코르디아 신학원으로 돌아오는 길에 나는 그날 함께 드렸던 예배에 관한 논평들을 학생들로부터 들었다. 그들 가운데에는 로마 카톨릭교회의 신부와 수도사, 장로교 목사, 네덜란드 개혁교회 목사 등이 있었는데, 그들은 이전에 침례교회에서는 한 번도 예배를 드려본 적이 없던 학생들이었다. 한 학생이 이렇게 말했다: "그 교회에는 교회라는 표식이라고는 하나도 없었어요. 십자가도 없고, 예수님이 십자가에 못 박혀 있는 그림도 없고, 아무 것도 없었어요!" 내가 물었다: "침례탕은 어땠어요? 성가대석 뒤에 있는 침례탕 보셨어요?" 그리고 나는 서둘러서 '침례탕은 그리스도께서 자신을 구주와 주님으로 영접하는 사람들을 제자로 초청하는 것을 의미한다'고 설명해 주었다. 그리고 '대다수의 침례교회당들은 '설교 말씀'(the preached Word) 주위에 회중이 모일 수 있도록 지어졌으며, 교회회원들이 예배에 참석을 하고 복음전도와 봉사를 위해서 헌신하도록 도전을 받게 된다'고 호기심 많은 그 학생에게 대답해 주었다.

그 학생은 평신도들과 음악목사가 강대상에 서서 광고를 한다거나 대표기도를 인도하는 것에는 반대한다는 의견을 내놓았다. 그에게 강대상이란 오직 안수 받은 성직자들만이 설 수 있는 자리라는 것이었다. 나는 침례교인들은 '모든 신자들의 제사장 직분'을 믿기 때문에 침례교인들에게는 그렇게 하는 것이 일반적인 관례라고 말해 주었다. 때때로 기도라는 것이 항상 정교하고 세련되게만 드리는 것이 아니라, 마음으로부터 우러나는대로 자연스럽게 드리는 것이라고도 설명해 주었다. 그리고 비록 우리의 예배가 전례적이지는 않지만 참 예배의 본질적인 요소들인 기도, 찬송, 교독문 낭독, 성경봉독, 그리고 항상 있는 복음의 선포, 초청 등을 포함하고 있다고도 설명해 주었다. 다른 학생들은 이 학생처럼 그 날의 예배경험에서 마음에 들지 않는 면을 솔직하게 직설적으로 말하지는 않았지만, 그들 역시도 그 학생과 비슷한 미묘한 감정을 가지고 있었던 것 같았다. 전례적인 전통예배에 익숙해 있던 사람들에게는 보다 사적이고 보다 자유스러운 침례교 예배에 대해 편안하지 않은 느낌을 가졌던 것 같았다.

또 다른 경우에 나는 영국에 있는 어느 작은 교회에서 임시 담임목사로 봉사한 적이 있었다. 그 기간 동안 많은 영국인들이 예배에 참석하기 시작했고 그것은 그들에게는 의미 있는 경험이었던 것 같다. 어떤 젊은 여인이 몇 주 동안 예배에 참석한 후에 나에게 다가와 질문하였다: "왜 다른 교회들은 이 교회같을 수 없을까요?" 그녀는 전체 예배경험, 즉 찬양, 설교, 특히 자신의 생애 동안 처음 경험하게 된 예배당 내에서의 따뜻한 교제와 무조건적인 환영에 관해서 이야기하였다. 이것 역시 대다수의 침례교회들의 일반적 특징을 보여주는 것이다. 침례교회는 침례 받은 신자들의 '사람 중심적인 교제' 그 자체이다. 모든 교회당 문 앞에는 안내위원들이 서서 예배 참석자들에게 인사를 하고 주보를 나누

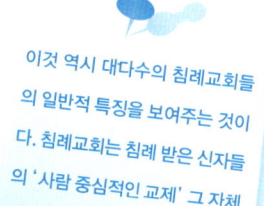

이것 역시 대다수의 침례교회들의 일반적 특징을 보여주는 것이다. 침례교회는 침례 받은 신자들의 '사람 중심적인 교제' 그 자체이다.

어 준다. 사회적인 지위나 인종에 관계없이 방문자들은 환영을 받을뿐 아니라 교회에 꼭 필요로 하는 사람이 왔다는 느낌을 받게 한다. 편견과 문화적인 성향의 잘못된 영향으로 인해 예외적인 경우도 없지는 않으나, 모든 사람을 중요하게 여기며, 모든 사람은 존경과 관심의 대상이 된다. 침례교회들은 이러한 이상적인 교회를 현실에서 만들기 위해 분투하고 있으며, 가끔 실패하는 경우도 없지는 않지만 이러한 분위기를 이상으로 여기며 노력하고 있는데, 그러한 이상이 종종 현실이 되는 것은 별로 놀랄 일이 아니다.

다양한 예배형태

　침례교회들은 형식을 제대로 갖춘 예배에서부터 보다 즉흥적이고 열정적인 예배에 이르기까지 다양한 형태로 예배를 드리지만, 대체로 설교와 찬양이 예배의 중심이 되어 있다. 문화적인 요소들과 특히 인종적인 배경의 차이 때문에 예배의 형태는 다양하지만 기본적인 요소들은 어떤 형태의 예배에서나 거의 동일하다. 설교와 회중찬송이 중심을 이루는데 이것들은 예배경험을 가슴으로 느끼게 해 준다. 기도할 때 글로 써서 기도문을 읽는 식으로는 거의 하지 않으며, 담임목사뿐 아니라 평신도들도 종종 대표기도자로서 기도를 드리기도 한다. 초창기 영국 침례교인들은 쯔빙글리의 개혁교회 전통에 따라 예배에서 악기든 목소리든 거의 음악을 사용하지 않았으나, 점차 시편에 곡조를 붙여 찬송을 부르다가, 결국에는 대중적인 찬송가들을 부르는 경향으로 발전하였다. 오늘날 침례교인들은 다양한 악기의 반주와 잘 훈련된 성가대의 인도에 따라 회중찬송을 은혜롭게 부른다. 규모가 있는 교회에서는 예배 시에 파이프오르간을 연주하기도 하고 오케스트라가 동원되기도 한다.

교회음악

어떤 로마 카톨릭 신부가 "마르틴 루터는 그의 설교가 아니라 그의 찬송으로 더 많은 영혼들을 죽였다"고 말했다고 한다. 마르틴 루터를 '프로테스탄트 찬송가학의 아버지'라고 여기는 것은 올바른 평가라고 생각하는데, 침례교인들은 루터가 1524년에 마음 속에 품었던 꿈 이상으로 교회음악을 잘 발전시켰다. 대형교회에서는 다양한 연령층에 따라 성가대를 조직하고 있을뿐 아니라 100명 이상의 대원들로 구성된 성가대를 운영하기도 하고, 핸드 벨 연주단, 오케스트라, 심벌즈, 탬버린, 그리고 고가의 최신식 음향장치를 활용하기도 한다. 어떤 성가대에서는 특별히 직업적인 전문 성악가들을 초청하지 않고서도 헨델의 〈메시아〉나 멘델

스존의 〈엘리야〉를 연주할 수도 있다. 그렇지만 침례교회의 음악에서는 성가대나 오르간이나 밴드 팀이 아니라 회중찬송이 사람들의 주목을 끈다. 회중 전체가 연합된 목소리로 힘차게 찬양을 부름으로써, 그들의 공통된 믿음을 고백하기도 하고 하나님의 임재를 절실하게 체험하기도 한다.

나는 청소년 시절에 격식을 갖춘 침례교회에서 자랐는데, 돌이켜 보건대 나는 그 교회에서 '고전적인 교회음악'이라고 말할 수 있는 음악적 분위기를 느끼며 자랐다. 15살 쯤 되었을 때 나는 그 교회의 성가대원이 되었으며 사적으로 성악레슨을 받기도 하였다. 저녁예배에서는 금관악기 밴드대원으로 나팔을 불기도 했고 성가대에서 찬양을 부르기도 했는데, 그 시절에 음악은 나의 삶에서 중요한 부분을 차지하였다. 대학에 진학하면서 고향을 떠나게 되었는데, 나는 켄터키주에 있는 침례교회에서 복음성가와 합창곡 등 다양한 교회음악을 접하게 되었다. 대학시절에 나는 점차 형식에 얽매이지 않는 예배에 익숙해져가고 있었다. 남미계통의 그리스도인들이 모이는 교회에서 나는 처음으로 손뼉을 치며 찬양을 불렀다. 약간 빠른 템포의 복음성가를 부를 때 스페인어 가사로 노래를 부르며 박수를 쳤다. 스페인어로 예배를 드리고 찬양을 부르는 상황에 적응하기 위해서는 약간의 시간이 필요했다. 그 과정에서 나는 침례교회에서 예배를 드리면서 매우 귀중한 교훈을 얻게 되었다. 회중이 어떠한 인종적인 배경을 가지고 있느냐에 따라서 예배가 문화적인 분위기를 반영하게 된다는 사실이었다. 유럽으로부터 아시아에 이르기까지 그리고 캐나다로부터 콩고에 이르기까지 회중찬송은 항상 문화적인 배경을 반영한다는 점을 깨달았다. 언어도 그렇지만 교회음악 역시 복음을 효과적으로 전달할 수 있기 위해서는 사람들이 함께 공감할 수 있는 매개수단이 되어야 한다는 것이다. 다른 말로 하면, 교회음악이 사람들의 가슴에 호소할 수 있기 위해서는 문화의 흔적을 간직하고 있어야 한다는 것이다. 오늘날 침례교인들이, 모든 세계인들이 수용할 수 있고 이해할 수 있는 형태로 복음을 노래하고 있다는 것이 매우 놀랍다. 미국에 있는 침례교회들에서는 100여 가지 언어로 다양하게 복음의 내용을 찬양하고 있고 다양한 예배형태 속에서 하나님의 말씀을 선포하고 있다.

제자도로서의 기독교

　침례교인들에게 있어서 교회음악은 그 자체로서 가치 있는 행위이며 신앙공동체의 삶에서 필수불가결하기는 하지만, 그러나 그것이 결코 목적이 될 수는 없다. 그렇기 때문에 교회음악은 단순히 '기분을 좋게 하는 체험'이나 목적 없는 반복적인 합창이 되어서는 안 된다. 침례교인들에게 있어서 예배의 목적은, 개인적으로는 예배참석자들로 하여금 봉사의 삶을 살고, 동시에 그리스도의 몸인 교회공동체로 하여금 말과 행위로 예수님을 증거 하겠다는 도전을 주고 감동을 주는 것이어야 한다. 진정한 침례교인이라면 누구나 예배와 삶 사이의 양면성을 잘 극복하여야 한다. 사우스웨스턴 침례신학원의 전설적인 신학교수인 카너(W. T.

Conner) 박사는 보다 역동적인 예배경험을 선호하는 사람들을 염두에 두고 이러한 권면을 했다고 한다: "정말 중요한 것은 당신이 얼마나 높이 점프했느냐가 아니라, 땅바닥에 떨어졌을 때 얼마나 똑바로 걸어가느냐 하는 것이다."

침례교인들에게 있어서 예배의 목적은, 개인적으로는 예배참석자들로 하여금 봉사의 삶을 살고, 동시에 그리스도의 몸인 교회공동체로 하여금 말과 행위로 예수님을 증거 하겠다는 도전을 주고 감동을 주는 것이어야 한다.

카너 박사가 말하고자 했던 핵심적인 교훈은 '항상 예배는 보다 더 충성스러운 제자도로 이어져야 한다'는 점이다. 침례교인들에게 있어서 '제자도'란 신자가 예수 그리스도 안에서 계시된 하나님의 뜻에 개인적으로 순종하고, 믿음의 공동체 내에서 말과 행동으로 복음을 증거하는데 적극적으로 동참하는 것을 의미한다.

개인적인 차원의 제자도란 신자가 하나님과의 관계는 물론이고 동료 제자들과의 관계뿐 아니라, 그가 접촉하는 모든 사람들, 즉 가족, 동년배 친구, 그가 함께 일하거나 노는 모든 다른 사람들과의 관계에서 하나님의 사람으로서의 빛을 발하는 것이다. 아나뱁티스트 신학자인 발타자르 휩마이어(Balthasar Huebmaier, 로마 카톨릭 신부로서 요한 에크 Johann Eck의 지도로 신학박사 학위를 받았는데, 독일 남부 라인강변에 있는 Waldshut에서 목회 사역을 감당하다가 아나뱁티스트로 전향하였다. 그는 초창기 아나뱁티스트 신앙과 신학에 관한 글을 많이 남겼으며, 〈18개 조항, 1524년〉은 아나뱁티스트로 전향할 즈음 그가 최초로 쓴 글이다 – 역자 주)는 오스트리아 비엔나에서 화형에 처해지기 4년 전에, 참 믿음은 수동적인 상태에 머물러 있을 수 없다는 점을 이렇게 진술하였다: "참 신앙을 가진 신자는 감사하는 마음을 가지고 하나님께 그리고 형제사랑에 근거한 모든 선한 행위들로 사람들에게 달려 나아가야 한다."4) 하나님을 향한 감사의 마음이 있다면 당연히 신령한 예배를 드리게 되는 것이고 동시에 순종, 정직, 종 된 마음, 믿음, 소망, 아가페 사랑 등의 덕목을 갖추게 되는 것이다. 침례교인들은 '참 제자도'란 하나님의 뜻이 무엇인지 분별하면서 그 뜻에 순종하는 삶을 살고자 노력하는 삶의 태도이며, 자기 자신의 탐욕을 하나님의 뜻으로 간주하고자 하는 유혹이나 하나님을 자신의 이기적인 유익을 위해 조종하려고 하는 유혹을 단호하게 거부하는 삶의 태도라고 가르친다.

초창기 영국 침례교인들에게 있어서 사적인 제자도는 침례로 이어지는 개인적인 신앙고백의 당연한 귀결이었고, 더 나아가서 그것은 증언의 교제 공동체인 교회가 감당해야 할 중요한 기능이었다. 제자 개인의 의지는 회중의 권징에 따라야 했고, 따라서 새신자 개인의 증언은 더 이상 '나 홀로 방랑자'의 증언이 아니라 믿음의 공동체인 형제들과 자매들 즉, 교회의 증언이 되었던 것이다. 이런 식으로 공동체적인 증언은 삶의 모든 영역에 영향력을 미쳤으며 교회는 그리스도의 이름으로 행하는 공동체로서의 증언 역할을 감당해야 했다.

침례교인들의 공동체로서의 제자도는 특히 해외선교운동의 다양한 국면에서 효과를 발휘하였다. 윌리엄 캐리와 세람포어 선교회(Serampore

Mission, 윌리엄 캐리, 존 마쉬만, 윌리엄 워드 등이 인도인들의 영혼구원을 위하여 1800년 1월에 인도 동북부지역 캘커타 북쪽의 세람포어에서 조직한 선교단체이다 – 역자 주)의 활동시기부터 침례교인들은 상처받은 사람들을 치유하기 위해서 수많은 선교방법들을 모색하였다. 캐리와 용감무쌍했던 동역자들은 학교사역, 인쇄출판사역, 원예, 의료선교사역 등에 매진하였고, 특히 당시 인도사회에서 만연해 있던 수띠 풍습(suttee, 남편이 죽으면 살아 있는 부인이 남편을 따라 함께 화장을 당하는 인도의 옛 풍습으로 비인간적이고 비기독교적인 악습이었다 – 역자 주), 장애인 아이와 노인 유기, 어린이 살해 등을 근절하는 일을 위해 헌신하였다.

어떤 침례교인들은 월터 라우쉔부쉬(Walter Rauschenbusch, 미국 북침례교 신학자요 사회개혁가로서 전복음 whole gospel을 부르짖으며 단순히 영혼구원만이 아니라, 빈민 구제, 사회제도 개조, 교회의 사회적 책임 등을 강조하였다 – 역자 주)가 꿈꾸었던 사회복음을 수용하기를 거북해 했지만, 점차 많은 침례교인들은 인간의 필요들을 충족시키는 사역이야말로 복음의 신뢰성을 향상시킨다는 사실을 깨닫게 되었다. 그래서 침례교인들은 가출방랑자들, 병자들, 기아에 허덕이는 사람들에 대해서 더욱 많은 목회적 관심을 가지게 되었다. 침례교인들은 과테말라(지진), 멕시코(지진), 온두라스(홍수), 콜롬비아(화산 분출), 페루(콜레라 전염), 텍사스(토네이도), 플로리다(허리케인 태풍), 자이레(내전으로 인한 난민들), 에디오피아(전쟁 피난민들), 북한(수백만 명의 기아상태) 등의 나라에서 도움을 필요로 하는 사람들에게 사랑을 실천해 왔다. 침례교 선교사들은 수많은 나라에서 이동버스 의료 클리닉, 병원, 학교, 수의과 클리닉 등을 운영하며 사람들의 필요를 충족시켜 왔다.

전 세계적으로 180개의 총회나 연맹을 회원으로 가지고 있고 4천여만 명의 침례 받은 신자들로 이루어져 있는 침례교세계연맹(Baptist World Alliance)은 다양한 인간적인 필요들을 채워주기 위한 노력을 경주하고 있다. 숙련된 전문가로서 사랑의 손길을 가진 자원봉사자들(1995년 한 해 동안 남침례교 해외선교부에서만 15,000명의 자원봉사자들이 등록을 하였다 - 역자 주)은 자연재해를 당한 나라들에서 선교사들과 함께 구제와 봉사의 사역을 감당하였다. 이렇듯 최근 들어 비그리스도인들도 새롭게 인식하게 되었듯이 공동체로서의 제자도라는 개념이 새로운 차원의 관심을 끌게 되었다. 기독교신앙의 의미를 제대로 이해한 침례교인들은 도움을 필요로 한다면 언제 어디서나 인간의 상처를 싸매어 주기 위해서 달려가야 하는 것이 급선무라는 것을 알게 되었다. 이렇듯 개인적인 제자도와 공동체로서의 제자도가 그리스도의 이름으로 구체화되고 있는 것이다.

개인적인 차원의 신앙표현

침례교인들이 그들의 역사를 통해서 강조해 왔던 신앙들 가운데 하나는, 침례를 받고자 하는 후보자는 반드시 먼저 그리스도를 통한 개인적인 회심의 체험을 했어야 한다는 것이다. 한 때는 침례 받기를 원하는 사람은 회중 앞에서 자신의 회심체험을 공개적으로 구두로 간증을 했어야 했다. 어떤 교회에서는 교회회원이 되기 원하는 사람은 먼저 위원회 앞에서 자신의 회심체험을 검증받은 후에 회중의 투표에 의해 침례를 받도록 허락되었다. 전통적으로 한 교회에서 다른 교회로 교회의 회원권을 옮기고자 하는 경우에는 이전에 소속했던 교회로부터 추천서(이적증명서)를 새 교회에 제출했어야 했다. 요즈음 일부 침례교회에서 교회회원권의 침례교인들이 그들의 역사를 통해서 강조해 왔던 신앙들 가운데 하나는, 침례를 받고자 하는 후보자는 반드시 먼저 그리스도를 통한 개인적인 회심의 체험을 했어야 한다는 것이다.

자격요건이 점점 느슨해지고 있는 것은 우려할만한 현실이다. 특히 어린이들의 경우에는 더욱 그렇다. 이 점에서 최근 미국 침례교회들은 '중생한 신자들로 이루어지는 교회회원'(regenerate church membership)의 원칙이 심각하게 위기를 맞고 있다고 하겠다. 많은 교회들이 이 원칙을 제대로 강조하지 않고 있다는 것이 침례교 교회론의 위기 가운데 하나이다.

침례교인들이 자신들의 교회가 계속적으로 신약성서의 패턴에 따라 유지되기를 원한다면, 침례교 교회론의 특징을 훼손시키는 풍조에 대해 단호히 대처해야 한다. 가장 기본적인 침례교 교회론의 특징은 어른이든 어린 아이든 상관없이 침례를 받기 전에 그리스도를 구주요 주님으로 영접하는 분명한 개인적인 결단과 헌신이 있어야 한다는 점이다. 한 영혼을 구원시키는 것은 믿음이지 침례가 아니기 때문에, 신앙고백의 진정성이 의심스러울 때에는 서둘러 침례를 베풀기보다는 당분간 침례 베풀기를 연기해야 하는 것이 당연하다. 구원과 침례와 교회에 관해서 충분히 가르침을 받고 그래서 개인적인 회심의 체험을 고백할 수 있을 만큼 확실한 믿음을 가진 자에 한해 침례 신청을 하도록 해야 한다. 교회에 관한 침례교적인 이해에 의하면, 이렇게 확실한 믿음을 가지고 침례를 받은 자는 누구나 침례교회의 신앙생활에 참여할 특권을 가진다. 또한 신앙고백에 근거하여 받는 침례는 새로이 침례받은 자가 제자도의 삶을 살겠다는 헌신의 표시로 인정하는 것이다. 제자도란 일정한 정도의 성숙을 요구하는데 이것 없이 받는 침례는 무의미한 것이다.

이상적인 표현이기는 하지만, 침례교인들은 예배와 제자도는 그리스도인의 삶에서 결코 분리될 수 없는 양면이라고 믿는다. 예배는 하나님께 헌신하고 이웃을 섬기는 삶을 신자에게 고양시키고 영감을 불어넣는다. 다른 하나가 없이는 하나가 불완전하다. 아이작 왓츠(Isaac Watts)는 ≪주 달려 죽은 십자가≫라는 불멸의 찬송가에서 이러한 예배와 제자도를 아름답게 묘사하였다:

주 달려 죽은 십자가 우리가 생각할 때에
세상에 속한 욕심을 헛된 줄 알고 버리네

죽으신 구주 밖에는 자랑을 말게 하소서
보혈의 공로 힘입어 교만한 맘을 버리네

못 박힌 손발 보오니 큰 자비 나타내셨네
가시로 만든 면류관 우리를 위해 쓰셨네

온 세상 만물 가져도 주 은혜 못 다 갚겠네
놀라운 사랑 받은 나 몸으로 제물 삼겠네 5)

Why Baptists?

초창기 침례교 신앙고백들은 예수 그리스도의 인격과 삶과 가르침들과 죽음과 부활을 통해서 하나님의 충만하고 완전한 계시를 역사적으로 인간들에게 중보해 주셨음을 일관되게 선언하고 있다. 그렇기 때문에 그리스도는 새 언약의 중보이시며 율법과 예언의 완성이신 것이다.

제2장 믿음의 본질

하나님
인간
그리스도 안에서의 하나님의 계시
구원
성서의 역할과 속성
마지막 때

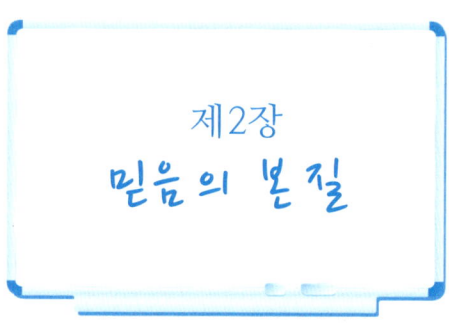

제2장
믿음의 본질

　한 사람의 침례교인이 모든 침례교인들이나, 나아가 침례교 총회나 연맹을 위하여 신앙고백을 쓰려고 시도하는 것은 터무니없는 일일 것이다. 누군가가 그러한 프로젝트를 시도하기에는 침례교운동 내에는 너무나 다양한 흐름들이 있다. 그러나 침례교인으로서의 정체성을 규정하는 어떤 본질적인 신학적 원리들은 있게 마련이다. 다른 말로 하면 겉으로 보기에는 다양하다고 해도 침례교인들을 하나로 묶어주는 믿음의 본질적인 요소들은 확실히 존재한다는 것이다. 그렇다면 곧바로 이러한 질문이 제기된다: "이러한 본질적인 교리들은 무엇인가? 그러한 교리들을 어떻게 정의할 것인가?"

이러한 질문에 답하려면 방법론이 필요하다. 먼저 어떤 특정한 나라의 침례교인들 가운데에서 표본을 추출하여 침례교의 기본신앙에 대해 설문조사를 해볼 수 있을 것이다. 그런데 그렇게 해서 얻은 결과물은 어느 정도 설문지의 성격에 따라서 그 내용이 좌우될 수 있다. 또 다른 방법은 존 길(John Gill), 앤드류 풀러(Andrew Fuller), 어거스트 스트롱(August J. Strong), 멀린스(E. Y. Mullins), 카너(W. T. Conner), 칼 헨리(Carl Henry), 허쉘 홉스(Herschel Hobbs), 데일 무디(Dale Moody), 제임스 레오 개렛(James Leo Garrett) 등과 같은 침례교 조직신학자들의 저술들을 조사해 보는 것이다. 만약 충분한 시간의 여유를 가지고 이러한 신학자들의 저술 속에 진술되어 있는 침례교인들의 주요 교리들을 이해하고 분석하고 대조해 볼 수 있다면 그러한 방법이 유용할 수도 있을 것이다.

그러나 위의 두 가지 가능성을 택하기보다 나는 침례교 신앙고백들을 검토하고 탐구하는 방법을 따르고자 한다. 침례교 신앙고백들 가운데에서도 특히 영국의 침례교인들이 17~18세기에 채택했던 신앙고백들에 무게를 두고 살펴볼 것이다. 이러한 방법을 채택하게 되면, 우리는 침례교인이라는 그리스도인들이 어떤 사람들이었는지 그리고 그들이 가졌던 초창기 비전은 무엇이었는지 살펴볼 수 있을 것이고, 당대의 다른 그리스도인들과는 달리 그들이 지상에 세우고자 했던 교회는 어떤 모습이었는지를 이해할 수 있을 것이다. 이러한 방법은 21세기를 살아가고 있는 침례교인들로 하여금 17세기 당시의 초창기 침례교인들의 신앙적인 유산을 이해하는 데 도움을 줄 것이고, 그들이 형성하고자 했던 신앙체계가 그 당시의 세대에 얼마나 적절했는지를 보여 줄 것이다. 이러한 초창기 영국의 침례교 신앙고백들은 일정한 패턴에 따라 진술되어 있다. 내가 취급하려고 하는 침례교 교리들은 하나님, 그리스도, 인간, 구원, 성경, 교회, 종교의 자유, 세속국가 등에 관한 것이다.

성경에 관한 항목이 침례교 신앙고백들에서 처음으로 첫 번째 항목에 배치된 것은 영국 특수침례교인들의 ≪제2차 런던신앙고백, 1677≫에서부터였다. 1611년에 작성된 토마스 헬위즈와 그의 회중에 의한 신앙고백을 포함한 모든 침례교 신앙고백들에서도 각 조항의 내용을 지지하기 위해 수많은 성경 구절들을 인용했었다. 이러한 관행은 그 이전에 등장했던 워터랜더파 메노나이트들의 신앙고백(Waterlander Confession, 1580)과 암스테르담에 있던 영국 분리주의자들의 신앙고백인 ≪참 신앙고백 A True Confession, 1596≫에도 이미 나타나 있다. 이러한 방법을 취함으로써 메노나이트들, 분리주의자들 그리고 침례교인들 등 세 부류의 그리스도인들은 전통이나 특정인의 신학이나, 감독직이나, 국가의 권위보다도 성경을 그들의 신앙과 삶의 최종적인 권위로 주장했음을 보여주고 있다.

하나님

    침례교인들이 영국 분리주의자들과 네덜란드 메노나이트들과 긴밀히 연관되어 있었다는 사실은 이들의 초창기 신앙고백들의 순서와 내용을 검토해 보면 분명히 드러난다. ≪워터랜더파 신앙고백≫과 프란시스 존슨(Francis Johnson)이 암스테르담에서 만들었던 ≪참 신앙고백≫에 처음 등장하는 항목은 하나님의 성품에 관한 것이다. 이것은 일반침례교인들의 신앙고백들(1611, 1612)과 특수침례교인들의 신앙고백들(1644, 1646)의 경우와 똑같다. 하나님, 하나님의 성품, 하나님의 속성 등을 묘사한 용어들도 거의 똑같다. 이러한 초창기 침례교인들은 삼위일체 하나님의 개념을 성경에서 발견했음이 분명하다. 그들은 카톨릭 교회와 종교개혁기의 복음적인 형제들의 역사적 신조에서 발견되는 삼위일체 개념과 비슷한 내용을 채택하였다.

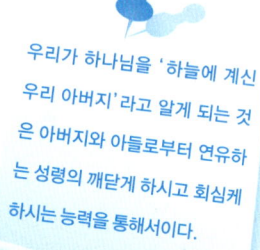
우리가 하나님을 '하늘에 계신 우리 아버지'라고 알게 되는 것은 아버지와 아들로부터 연유하는 성령의 깨닫게 하시고 회심케 하시는 능력을 통해서이다.

침례교인들은 하나님은 한 분이시지만 세 모습으로 즉, 아버지와 아들과 성령으로 현현하신다고 선언하였다. 하나님은 또한 피조되지 않은 창조자이시자, 영원한 "나는 . . . 이다"('영원히 스스로 존재하는 자'라는 의미이다 – 역자 주)이며, 아브라함과 이삭과 야곱의 하나님이시다. 아들 안에서 최종적으로 그리고 완전하게 계시되신 아버지는 우리 주 예수 그리스도이시다. 우리가 하나님을 '하늘에 계신 우리 아버지'라고 알게 되는 것은 아버지와 아들로부터 연유하는 성령의 깨닫게 하시고 회심케 하시는 능력을 통해서이다.

침례교 신앙고백들이 아들과 아버지의 관계에 대해서, 두 분이 서로 다른지, 동일한지, 비슷한지에 대해서는 자세하게 논의하고 있지 않지만, 그리고 비록 많은 단어들을 사용해서 언급하고 있지는 않지만, 니케아 종교회의(Council of Nicea, 325년, 313년 밀라노칙령에 의해 기독교 신교의 자유가 공포된 뒤 최초로 개최된 범교회적인 종교회의였는데 로마제국의 각 도시로부터 온 300여 명의 감독들과 함께 콘스탄틴 황제가 친히 참석하였다. 오늘날 터어키 서북부의 이즈니크 Iznik에서 열렸는데, <그리스도는 누구이신가?>라는 주제로 열렸다 – 역자

주)의 결정사항과 동일한 내용을 담고 있다. '니케아 신조'에는 이렇게 표현하고 있다:

> 우리는 한 하나님을 믿는다. 우리는 모든 주권을 가지신 아버지, 가시적이고 비가시적인 만물들을 만드신 창조주를 믿는다. 우리는 한 주 예수 그리스도를 믿는다. 하나님의 아들, 아버지로부터 유일하게 잉태되신 분, 아버지의 본질이신 분, 하나님의 하나님, 빛의 빛, 참 하나님의 참 하나님, 피조되신 것이 아니라 잉태되신 분, 아버지와 동일한 본질이신 분을 믿는다. 그분으로 말미암아 하늘에 있는 것이나 땅에 있는 것이나 모든 만물들이 만들어졌고, 그분은 우리 인간들을 위해 우리의 구원을 위하여 이 땅에 오셔서 육체를 입으시고 사람이 되셨고, 고난을 받으셨고 삼 일 만에 부활하셨고 하늘로 올라가셨고, 산 자들과 죽은 자들을 심판하러 다시 오실 것이다.[6]

초창기 침례교인들이 가지고 있었던 삼위일체 신학의 권위있는 기초는 바로 성경이었다. 1612년의 《스마이드 신앙고백》과 1644년의 《제1차 런던 신앙고백》에 의하면, 그 신앙고백의 작성자들이 '필리오크' (filioque, 'and from the Son', '그리고 아들로부터') 논쟁에 관한 지식을 가지고 있었음을 짐작케 한다. 초창기 침례교인들은 성령 하나님은 아버지만이 아니라 '아버지와 아들로부터' 연유하신다는 서방 라틴교회의 전통을 따르고 있다. 동방의 희랍정교회(1054)에서는 성령 하나님은 '아버지로부터'(사실 이것이 원래 325년에 채택되었던 니케아 신조의 표현인데, 서방교회에서는 이

교도들과 아리우스파 이단들을 로마 카톨릭교회로 인도하기 위해서 아버지와 아들의 동일본질성을 강조하면서, '필리오크' and from the Son이라는 문귀를 후대에 첨가하였다. '필리오크 논쟁'은 1054년 로마 카톨릭교회와 희랍정교회가 분열하는데 있어서 결정적인 교리적 이슈가 되었다 – 역자 주) 연유한다고 주장하였다.

인간

　인간의 본성과 모든 인간성을 특징짓는 죄에 대하여 침례교 신앙고백들은 놀라울 정도로 많은 유사점과 동시에 차이점을 드러낸다. 모든 침례교 신앙고백들은 인간은 하나님의 형상을 따라 창조되었고, 그가 하나님께 불순종하기로 결정하여 결국 죄 없는 무죄의 상태로부터 타락하게 되었다는 데에 동의하고 있다. 모든 침례교 신앙고백들이 아담과 이브의 타락에 대해 언급하고 있지만, 그것이 아담의 후손들에게 어떤 영향을 끼치고 있는가 하는 문제에 대해서는 일치된 견해를 가지고 있지는 않다. 그렇지만 각 사람은 본질상 그리고 경험상 죄인이며, 용서와 하나님과의 화해를 필요로 한다는 점은 모두 동의하고 있다. 비록 인간이 죄로 인해 타락했다고 해서 그리스도를 선택하여 살겠다고 하는 개인의 능력이나, 그분을 거부하여 영원토록 버려진 상태로 남겠다고 하는 개인의 능력을 무력화할 정도로 완전한 타락은 아니었다. 초창기 특수침례교 신앙고백들에서도 하나님은 어떤 사람들을 저주받도록 예정하셨다고 진술하지는 않았다. 단지 그리스도가 저주한다기보다 죄와 파멸의 길을 선택한 사람들이 스스로 저주를 받게 된다고 진술하였다. 그래서 결과적으로 모든 인류는 타락과 타락의 결과 즉, 죽음을 맞게 된다는 것이다. 거의 모든 침례교 신앙고백들은 각 사람은 죄의 본성(아담의 죄 Adamic Sin - 역자 주)을 유전으로 받고 있기는 하지만, 그 자신의 죄 때문이 아니고는 하나님 앞에서 죄책감을 갖지 않는다고 진술하고 있다. 어린 아이들은 아담의 죄책(guilt, 아담의 죄 sin가 아니다 - 역자 주)을 유산으로 받고 있지 않기 때문에, '도덕적으로 책임을 질 수 있는 나이'(도덕적 책임성의 나이)에 이르기 전에 죽은 아이들은 버려진 것이 아니라고 믿는다(침례교인들은 유아세례를 받지 않았다고 해서 어린 아이가 천국에 가지 못한다고 여기지 않는다. 죄를 모르고 죄책감을 느끼지 못하고 예수 그리스도와 그분의 십자가 구속의 의미를 이해하지 못하는 어린 아이들 - 도덕적 책임성의 나이에 이르지 않은 아이들 - 에 대해서는 사랑의 하나님께서 책임을 물으실 수 없다는 의미에서 어린 아이들의 구원문제에 대해서는 긍정적이다. 침례교인들은 회개와 믿음으로 구원받는 것이지, 유아세례나 침례 혹은 세례를 받았는가의 유무가 구원의 조건이 되는 것은 아니라고 믿는다 - 역자 주).

그리스도 안에서의 하나님의 계시

초창기 침례교 신앙고백들은 네덜란드의 메노나이트들과 영국의 분리주의자들처럼 그리스도에게 관심을 집중하고 있다. 스마이드의 신앙고백(1612)과 영국 특수침례교인들의 신앙고백(《제1차 런던신앙고백, 1644》)은 기독론에 대해 10개 이상의 항목들에 걸쳐 진술하고 있다. 상대적으로 간략한 분량의 헬위즈 회중의 신앙고백(《암스테르담에 남아 있는 영국인들의 신앙의 선언, 1611》 - 역자 주)도 두 항목에 걸쳐서 그리스도의 성품과, 예언자와 제사장과 왕으로서의 직분에 대해 언급하고 있다. 그리스도에 관한 조항들의 개수와 길이도 의미 있는 것이지만, 보다 중요한 것은 그러한 조항들이 갖는 신학적인 내용이다.

초창기 침례교 신앙고백들은 그리스도가 하나님의 아들이시며, 동정녀 마리아에게서 태어나셨고, 완전한 하나님이시며 동시에 완전한 인간이시고, 그렇기 때문에 성육신한 신성(인간의 몸을 입으신 하나님 -역자 주)이시라고 선언하였다. 스마이드가 "하나님은 우리를 결코 미워하지 않으셨고 우리의 적이 아니셨다. 단지 (그리스도는) 우리를 하나님께 화해시키셨다"(제32조항)고 아름답게 묘사했듯이, 그리스도는 우리를 하나님께 화해시키신 것이지 하나님을 우리에게 화해시키신 것이 아니었다. 그리스도는 자신의 삶과 희생적 죽음을 통해서 사랑과 무한한 은혜의 하나님을 우리에게 계시하셨다. 초창기 침례교 신앙고백들은 예수 그리스도의 인격과 삶과 가르침들과 죽음과 부활을 통해서 하나님의 충만하고 완전한 계시를 역사적으로 인간들에게 중보해 주셨음을 일관되게 선언하고 있다. 그렇기 때문에 그리스도는 새 언약의 중보이시며 율법과 예언의 완성이신 것이다. 인간을 향한 하나님의 마지막 말씀은 그리스도이시지 모세가 아니다. 왜냐하면 오직 그분 예수 그리스도께만 하늘과 땅의 모든 권세가 주어져 있기 때문이다(마 28:18).

구원

　내가 알기로는 침례교 저술가들은 그들이 쓴 17세기의 책들과 팜플렛들 그리고 모든 침례교 신앙고백들에서, 구원은 언제나 그리스도를 믿는 믿음으로 말미암아 오는 것이라고 주장하였다. 1677년, 1688년 그리고 1689년의 특수침례교인들의 신앙고백(《제2차 런던신앙고백》과 그 후속판들을 가리킨다 - 역자 주)에서조차, 하나님의 예정을 매우 강조함과 동시에 (이 점에서 장로교 칼빈주의자들의 《웨스트민스터 신앙고백, 1646》의 영향을 적지 않게 받고 있다 - 역자 주) 그리스도를 믿는 믿음이 없이는 구원의 소망이 없다고 진술하고 있다.[7] 일반침례교 신앙고백들 역시 어떤 한 사람이 구원을 받는 것은 그가 쌓은 공로 때문이 아니라 그리스도를 믿는 믿음 때문이라

내가 알기로는 침례교 저술가들은 그들이 쓴 17세기의 책들과 팜플렛들 그리고 모든 침례교 신앙고백에서, 구원은 언제나 그리스도를 믿는 믿음으로 말미암아 오는 것이라고 주장하였다.

고 진술하고 있다. 이 믿음은 예수 그리스도가 하나님의 아들이라는 명제를 단순히 받아들이는 '지식적 수용'(지식적인 동의로서의 믿음 – 역자 주) 이상의 의미를 가지는 것이 분명하다. 그리스도가 항상 구원하는 믿음의 대상이지만, 그 믿음은 그리스도를 구원자로서 개인적으로 신뢰하고(체험으로서의 믿음 – 역자 주) 그분을 주님으로 따르겠다고 헌신하는 것이다. 그리스도를 믿고 따름으로써 얻게 되는 구원은 개인적이고 사적인 차원의 의미를 가지는 동시에 공동체적이고 사회적인 차원의 의미를 가진다.

사실 초창기 침례교인들은 신약성경에서 구원이란 마치 다이아몬드처럼 다양한 면들을 가지고 있다는 사실을 발견하였다. 구원이란 오직 예수 그리스도 안에서만 가능한 것인데, 구원을 받음으로써 죄 용서를 받게 되고 그리스도 예수 안에서 신자는 새로운 피조물이 되는 것이다. 신자는 그리스도를 향한 개인적인 믿음으로 성령의 회심케 하시는 능력으로 말미암아 진정으로 거듭난다. 새로운 출생의 체험으로 인해서 삶의 모든 부분들은 변화된다. 그렇기 때문에 하나님 앞에서 의롭게 되고 성화된 새로운 그리스도인은, 그리스도의 제자가 되고 자신의 새로운 주인이 그러했던 것처럼 모든 인간관계에서 하나님의 뜻을 이루고자 하는 삶을 추구한다. 믿음의 공동체 내에서 교인들 상호 간의 지지를 이끌어 낼 수 있는 곳으로 교제 공동체인 지역교회보다 더 좋은 곳은 없다. 이 교제가 제대로 실천되기만 한다면 그것은 세속사회에 효과적인 증언의 역할을 하게 된다. 그리스도께서 제공하시는 고상한 삶의 질이란 어느 곳에서나 그리스도인이 정직과 봉사로 그의 믿음을 살아내는 것이며 또한 복음의 빛으로서 세상의 어두움을 향해 침투해 들어가는 것이다. 새로 태어난 하나님의 자녀가 은혜와 주 예수 그리스도를 아는 지식에서 자라가면 자라갈수록, 그는 신실한 제자로서 내면적인 평화, 믿음, 소망, 사랑 등으로 특징지어지는 삶을 살아가게 된다.

성서의 역할과 속성

영국의 침례교인들이 호소했던 권위는 오직 성경이었다. 바로 이 점에서 1644년의 특수침례교 신앙고백(《제1차 런던신앙고백》을 의미한다 - 역자 주)은 비슷한 시기에 채택된 다른 침례교 신앙고백들의 모본이 되었다. 《제1차 런던신앙고백》 제7조항과 제8조항은 성경의 권위에 대해서 침례교인들이 어떻게 이해하고 있었는지를 잘 보여주고 있다.

> 제7조항: 하나님을 향한 예배와 봉사 그리고 그리스도인으로서의 모든 다른 의무에 관한 이러한 지식, 믿음 그리고 순종의 규범은 사람들의 발명품이나 의견이나 규범이나 헌법 혹은 전통이 아니다. 그것은

오직 정경인 성경에 포함된 하나님의 말씀이다.

제8조항: 이 기록된 말씀 안에서 하나님은 우리가 알고 믿고 인정할 필요가 있다고 생각하신 것들을 평이하게 계시하셨다. 그리스도의 성품과 직분에 대해서 다루고 계신데, 그분께는 모든 약속들이 하나님을 영광스럽게 하는 '예'와 '아멘'이 되신다.[8]

영국 침례교인들이 분리주의자들의 신앙고백인 ≪참 신앙고백 A True Confession≫에 적지 않게 의존하고 있다는 사실은 성경(Canonical Scriptures)에 관한 위의 두 조항들에서 잘 드러나고 있다. 이 조항들은 정경인 성경의 권위를 강조하고 있으며 구약과 신약성경에 포함된 하나님의 계시를 완성하는데 그리스도께서 지대한 역할을 하셨음을 잘 드러내 주고 있다. 신약성경이 구약성경에 비해서 '우선성'(성경 66권을 모두 하나님의 말씀으로 믿으면서도 옛 약속인 구약에 비하여 새로운 약속인 신약이 신약의 성도들인 그리스도인들에게 성경해석상 우선적인 권위를 갖는다고 보는 것이다. 이는 다르게 표현하면 기독론적인 관점에서 십자가의 창을 통해서 구약을 본다는 의미이기도 하다 - 역자 주)을 갖는다는 점을 강하게 암시하고 있다. 이 사실은 ≪제1차 런던신앙고백≫의 제9조항과 제20조항에 더욱 선명하게 제시되고 있는데, 이 조항들은 그리스도의 속성 즉, 그분의 신성과 인성에 대해서 그리고 그분의 삶과 십자가 구속사역을 통해서 구체화된 최종적이고 완전한 계시에 대해서 진술하고 있다. 제15조항은 이 신앙고백 속에 암시된 기독론적인 해석의 원리를 담고 있다.

> 제15조항: 그리스도의 예언들을 살펴볼 때에 그분은 아버지의 가슴으로부터 하나님의 전체적인 뜻을 완전하게 계시하셨다. 이 하나님의 뜻은 그분의 종들이 알고 믿고 순종하는데 꼭 필요한 것이다. 그렇기 때문에 그분은 단순히 예언자와 박사와 우리 신앙고백의 사도 그리고 언약의 천사이실 뿐만 아니라 하나님의 지혜 그 자체이시며 지혜와 이해의 보물이시다.9)

일반침례교인들뿐 아니라 특수침례교인들도 신약성경의 관점에서 구약성경을 읽었고 전체 성경을 그리스도 안에 있는 하나님의 계시를 통해서 이해했다는 점은 분명하다. 이 사실은 그리스도와 성경에 할애된 신앙고백 조항들의 내용으로도 알 수 있지만, 이러한 조항들에 인용된 성경 구절들을 살펴보면 더욱 분명해진다. 약 300 구절들의 성경인용 중에서 구약성경 구절들은 약 40개에 불과하다. 구약성경의 구절들은 구약성경 구절만 홀로 제시되어 있지 않고, 항상 신앙고백 조항을 지지하기 위해 신약성경의 많은 구절들과 함께 제시되어 있다.

찰스 2세 왕이 1660년에 영국의 왕위에 오르기 직전에(왕정복고를 의미한다. 올리버 크롬웰의 공화정 및 독재정치 기간 동안 프랑스 땅에 유배생활을 하고 있던 왕자 찰스 2세가 영국의 왕위에 다시 복귀하였다 – 역자 주), 일반침례교인들은 새로운 신앙고백인 ≪표준신앙고백 Standard Confession, 1660≫을 채택하였다. 이 신앙고백은 ≪제1차 런던신앙고백≫이 특수침례교인들 사이에서 그러했던 것처럼 일반침례교인들 사이에 큰 영향을 미친 신앙고백이다.

제11조항은 ≪제1차 런던신앙고백≫에 암시되어 있는 성서적인 해석학[10]을 분명하게 보여주고 있다. ≪표준신앙고백≫을 채택한 침례교인들이 '침례에 의한 신자의 뱁티즘'을 옹호하며 그 권위를 호소했던 것이 바로 신약성서였다. 일반침례교인들에게 있어서 신약성서는 구약성서에 비해서 우선적인 권위를 가지고 있었음은 의심의 여지가 없다.

확실히 모든 17세기 영국 침례교인들은 신약성서가 성서적인 교회의 모본을 제시해 준다고 믿었다. 이 초창기 침례교인들은 그리스도인의 삶과 예배를 위한 안내서가 바로 신약성서라고 믿었다. 그렇기 때문에 성서적 권위에 호소한다고 하는 것은 먼저 신약성서에 호소하는 것이었다. 구약성서는 언제나 신약성서적 관점에서 해석되었다.

마지막 때

일부 침례교인들이 개입하게 되었던 '제5군주국 운동'(Fifth Monarchy Movement, 17세기 중반에 영국에서 일어난 과격한 시한부 종말운동이었는데, 청교도혁명으로 영국왕 찰스 1세가 1649년에 참수를 당함으로 제4군주국이 종말을 고하였고, 이제 예수 그리스도가 곧 재림하여 제5군주국을 지상에 세워 통치하게 되리라고 하는 천년왕국 종말운동이었다 - 역자 주)11)과 관련하여, ≪표준신앙고백, 1660≫이 '마지막 때'에 관해 언급한 내용이 거의 없었다는 것은 별로 놀랄 일이 아니다. 그러나 ≪제1차 런던신앙고백, 1644≫은 '제5군주국 운동'의 출발단계에 있을 때 만들어졌기 때문에 그 운동에 대하여 간단하게나마 언급하지 않을 수 없었을 것이다.

제20조항: 그분께서 영광 중에 두 번째로 오셔서 성도들 사이에서 통치하실 때에, 그리고 그분이 자신의 발 아래에 있는 자들을 모든 규범과 권위로 통치하시고 믿는 신자들 모두로부터 존경을 받게 되실 때에, 이 왕국은 비로소 완전해질 것이다. 아버지의 영광은 충만해질 것이고 그분의 아들 안에서 완벽하게 나타나게 될 것이다. 아버지와 아들의 영광이 그분의 모든 지체들 사이에서 충만하게 될 것이다.[12]

위의 조항에는 마지막 때에 일어날 프로그램이나 때의 징조들이나 재림의 사건들에 관한 언급이 없다. 《표준신앙고백》의 재림에 관한 조항에서처럼 당시 영국에서 유행했던 천년왕국에 대한 열광적인 기대가 전적으로 배제되어 있다. 확실히 침례교인들은 마지막 때와 관련된 세부적인 내용에 대해서는 획일적으로 통일되어 있지 않았다. '제5군주국 운동'은 천년왕국을 지상에 이룩하기 위하여 구체적인 시간표까지 제시하고자 했었는데, 그 운동으로 말미암은 파괴적인 재앙으로 인하여 침례교인들은 그러한 주제에 대해 이미 식상해 있었다. 침례교인들은 그리스도께서 다시 오신다고 하는 단순한 성서적인 기대만을 신앙고백에 담고자 했고, 이렇게 함으로써 마지막 때와 관련한 시끄러운 논란을 잠재우고자 했다. 소수의 일부 침례교인들은 성경이 가르치고 있다면서 그리스도의 재림과 관련한 일련의 사건들을 자세하게 제시하기도 했지만, 17세기 이후 대다수의 침례교인들은 마지막 때와 관련해서는 이렇게 단순한 태도를 취해 왔다.

초창기 영국 침례교 신앙고백들은 이상하게도 천국과 지옥에 관하여 자세하게 언급을 하지 않고 있다. 자신들의 삶을 그리스도께 드린 자들에게는 영원한 구원에 대한 확신이 주어진다는 사실이 일반 및 특수 침례교회 신앙고백들에서 직접적으로 그리고 다양한 비유를 통해서 진술되어 있다. 그리스도를 배척하고 그분이 제공하는 구원을 거부하는 자들에게는 저주가 예비되어 있다는 사실이, 선언되어 있다기보다는 암시되어 있다. 초창기 영국의 침례교인들은 희망의 적극적인 메시지를 제시하는 것과 그리스도인의 삶과 교회에 대한 이해와 교회의 사회에 대한 관계 등을 설명하는 것에 더 많은 관심을 기울인 것이다. 그들은 종말론과 관련하여 투명하지 못한 부분들에 대해서는 깊이 있게 사색하거나 자세하게 언급하기를 회피하였다.

Why Baptists?

원칙적으로 목회는 평신도들을 포함하여 전체 회중이 감당하는 책임이다. 이러한 이상이 모든 교회에서 실현되고 있지는 않지만 그것은 변함없는 진리이다. 처음부터 침례교인들은 교회의 영적인 삶과 의식적인 삶을 전적으로 책임진 성직자계급의 개념을 거부해 왔다. 교회회원 각자가 교회생활에서 동일한 특권과 책임을 지며 하나님 앞에서 제사장이요 종(이를 '모든 신자들의 제사장 직분'이라고 부른다 -역자 주)이기 때문이다.

제3장 교회와 교회들

우주적 교회와 지역교회
교회의 본질과 목적
의식들(성례들)
목회
의사결정

제3장
교회와 교회들

초창기 침례교인들은 새로운 기독교운동을 벌이면서 모든 그리스도인들, 특히 프로테스탄트들과 많은 점에서 유사한 신학적 개념들과 원리들을 공유하였다. 그런데 침례교인들이 다른 그리스도인들과 뚜렷하게 구별되는 주된 특징들을 가지고 있었는데, 그것은 바로 교회에 대한 개념과 그로 말미암은 실천원리였다. 이러한 점이, 침례교인들이 다른 대다수의 그리스도인들로부터 차별화되는 요소가 되었다.

우주적 교회와 지역교회

메노나이트들(《워터랜더파 신앙고백, 1580》과 《도르트레히트 신앙고백, 1632》 - 역자 주)과 영국 분리주의자들(《참 신앙고백, 1596》 - 역자 주)과 마찬가지로, 초창기 영국의 일반 및 특수침례교인들은, 교회는 우주적(universal)이며 동시에 지역적(local)이라고 정의하였다. 일부 소수의 침례교인들이 '에클레시아'(ekklesia, 희랍어 신약성경에서 사용된 단어인데 '세상으로부터 부르심을 받은 자'라는 뜻이다 - 역자 주)라는 용어가 단지 지역교회(개교회)만을 지칭하는 말이었다고 주장한 적도 있었지만(특히 19세기 중반에 미국 남부지방에서 한때 영향력을 행사했던 지계석주의자들 Landmarkists이 이런 주장을 하였다 - 역자 주), 대다수의 침례교인들은 그 단어가 신약성경에서 비가

제3장 교회와 교회들 93

시적이고 '우주적인 교회'와 침례받은 신자들의 특별한 교제 즉, 가시적인 모임이면서 개개의 지역적인 모임인 '지역교회' 양자 모두를 지칭한다고 믿었다.

17세기 첫 10년부터 지금까지 침례교인들은 교회에 관한 가르침을 주로 신약성경에서 찾으려고 하였다. 그들은 우주적 교회는 비가시적이며 오직 하나님께만 알려져 있는 교회라고 믿었다. 그것은 '그리스도의 몸'으로 일컬어지기도 하고 '구원받은 자들의 교제 속에 있는 신자들' 즉, '모든 중생한 자들'로 일컬어 지기도 했다. 반면에 지역교회(개교회)는 그리스도를 구주와 주님으로 믿고 그들의 삶을 그리스도께 맡긴 신자들의 교제이며 그들이 신자의 침례를 받음으로 가입한 일정 지역에 위치한 교제 공동체이다.

침례교 교회론의 기본원리는 그리스도에 대한 교회의 관계에서 출발한다. 침례교인들에게 있어서 그리스도는 교회의 기초이며 동시에 교회의 주님이시다. 기독론으로부터 교회론으로 이동하는 전환점은 새 언약의 중보로서의 그리스도의 '직분'에 있다. 그리스도는 '영원토록 계속 이어질 하나님의 교회의 예언자이며 제사장이며 왕'이시다.[13] 교회는 그리스도께 속해 있다. 이 말은 '그리스도만이 교회의 유일한 주님이시다'라는 뜻이다. 스마이드가 진술했듯이, "그리스도만이 교회와 양심의 왕이시요 입법자이시다"(제84조항, 《제안과 결론, 1612》). 그리스도에 대한 교회의 관계를 제대로 이해해야만 교회의 본질을 제대로 알 수 있다. 왜냐하면 교회는 인간이 발명한 것이 아니라 그리스도께서 창조하신 것이기 때문이다.

교회의 본질과 목적

　한편, 로저 윌리엄즈(Roger Williams, 1639년에 미국 로드 아일랜드주 프라비던스에 침례에 의한 신자의 뱁티즘에 기초한 미국 최초의 침례교회를 태동시킨 인물이다. 그러나 몇 개월 후 그는 지상의 침례교회를 떠나 영적으로는 구도자로서 살았다. 그런데 그는 로드 아일랜드 식민주를 통치하면서 '종교의 자유'와 '교회와 국가의 분리'라는 신약성서적이며 침례교적인 원리를 실천하고자 노력하였다 – 역자 주)가 표현했듯이, 교회는 하나님으로부터 거듭 태어난 자들로 이루어진 새 이스라엘이다. 그렇기 때문에 교회는 국적이나 인종이나 지리적인 경계 즉, 특정한 국가의 국경과는 무관한 것이다. 새 언약에 참여한 자들은 성령의 깨닫게 하시고 회심케 하시는 능력으로 말미암아 그리스도께 자발적으로 믿음으로 반응한 자들이다. 이 새 이스라엘은 예수 그리스도께 자신의 삶을 맡긴 헌신된 제자들의 지역적인 교제인 교회에 기꺼이 가입하기로 결단한 신자들이다. 그러한 헌신의 표시는 그리스도를 구주요 주님으로 받아들이는 신앙고백이요, 동시에 마음과 입으로 하는 신앙고백에 뒤따르는, 행동으로 하는 신앙고백인 침례(immersion)이다.

회당이, 이스라엘 백성들이 포로생활과 디아스포라 기간 동안 자신들의 신앙의 진실성을 지켰던 수단이 되었던 것처럼, 지역교회도 역시 그와 비슷한 기능을 수행하고 있다. 지역교회는 이방인들의 사회 속에서 영적인 친지들의 교제를 통해 서로를 지지하는 기능을 감당한다. 교제의 기능뿐만 아니라 교회는 기회가 주어지면 정기적으로 성경을 가르침으로써 교육적인 목회도 감당한다. 교회의 교육목회는 말씀을 설교함으로써 더욱 권장되고 더욱 확대된다. 복음을 신실하게 선포함으로써 신자들은 더욱 강건해지고 도전을 받게 된다.

지역교회는 또한 예배하는 교제의 모임이기도 하다. 예배가 어떠한 형태로 드려지든, 그것이 전례적이든 혹은 덜 형식적이거나 보다 즉흥적이든, 그것은 찬양과 헌신의 표현이다. 예배는 침례교인들의 삶에서 그 자체가 목적은 아니다. 그것은 그리스도인의 삶을 잘 살아가도록 침례교인들을 강건하게 하기 위한 수단이다. 교회의 궁극적인 목적은 예수 그리스도의 구원하시는 능력을 세상 사람들에게 증거하는 것이다. 이런 의미에서 각 침례교회는 사람들로 하여금 그리스도와의 개인적인 관계를

이런 의미에서 각 침례교회는 사람들로 하여금 그리스도와의 개인적인 관계를 끈끈하게 맺도록 함으로써 그리스도의 목적을 이 땅 위에 실현시키기 위한 선교적인 기관이다.

끈끈하게 맺도록 함으로써 그리스도의 목적을 이 땅 위에 실현시키기 위한 선교적인 기관이다. 침례교회가 비록 독립적이고 자치적인 회중임을 강조하면서도, 각 교회가 지방회나 연맹이나 총회 등을 통하여 보다 효과적인 사회적 활동과 선교적 증언활동에 적극적으로 협력하는 이유가 바로 여기에 있다.

의식들(성례들)

언제 어느 곳에 세워진 교회이든 상관없이, 모든 침례교회들은 그리스도께서 제자들에게 오직 두 가지 의식 즉, 침례와 주의 만찬을 계속적으로 행하라고 명령하셨다는 점에서 의견일치를 보이고 있고 거의 모든 침례교 신앙고백에서 동일한 진술을 하고 있다. 극히 일부 교회에서는 세족례 의식을 행하기도 하지만, 오늘날 대체로 침례교회에서는 공식적인 예배의식으로서의 세족례를 행하지 않는다(이것은 봉사와 섬김의 의미를 강조하는 의식일 뿐, 예수 그리스도의 십자가 구속사역을 상징하는 의식이 아니기 때문이다 – 역자 주). 대다수의 침례교회들에서는 '의식'이라는 용어를 사용하는데, 이 말은 그리스도께서 주문하셨거나 명령하셨기 때문이다. 어떤 교회들에서는 '성례'라는 용어를 사용하기도 하지만, 주의 만찬이나 침례에 '구원의 기능'이 있다는 의미는 부여하지 않는다. 사실, 영국의 침례교인들이 그 당시에 '아나뱁티스트'(Anabaptists, Rebaptizers, '다시 뱁티즘을 베푸는 자들'이라는 의미이다 - 역자 주)라고 불리기도 했는데, 그것은 바로 뱁티즘의 행위 때문이었다. 그러나 그들은 자신들이 '아나뱁티스트'로 불리는 것을 철저히 거부하였다. 때때로 그들은 자신들을 '가엾게 핍박받는 하나님의 교회들'이라고 부르기도 했다. 17세기가 끝나갈 무렵 '아나'(Ana)라는 접두사가 떨어져 나가면서 그들은 단순히 '뱁티스트'(침례교인)라고 불리게 되었다. 침례에 관한 신학과 행습으로 인해 그들은 로마 카톨릭 교인들이나, 영국국교회(오늘날의 성공회 - 역자 주) 교인들, 장로교인들, 회중교회 교인들과는 차별화되었는데, 이들은 모두 유아세례를 행하는 사람들이었기 때문이다. 퀘이커 교인들은 아무런 성례도 행하지 않는다.

침례교인들에게 있어서 침례는 오직 신자들에게만 베푼다. 그리스도의 명령에 순종하여 자신의 믿음을 고백한 새로운 회심자에게 침례를 베푸는 것이다. 그는 자발적으로 침례를 받겠다고 자원한 사람이다. 수많은 침례교 신앙고백들에서 분명하게 진술하고 있듯이, 그렇기 때문에 유아세례는 배제된다. 1612년에 채택한 스마이드 회중의 신앙고백(《제안과 결론》) 제74조항은 침례와 주의 만찬의 '복음선포적' 의미를 명료하게 진술한 첫 번째 침례교 신앙고백이다.

제74조항: 성례들은 그 단어가 본래 가진 동일한 의미로 사용된다. 그것들은 가시적인 말씀이다. 들을 귀 있는 자들의 그 귀에 말씀을 가르치듯이 그것들은 이해하는 자들의 눈에 가르치는 것이다. 그렇기 때문에 말씀이 유아들에게 속한 것이 아니듯이 성례 역시도 유아들에게 속한 것이 아니다(유아들이 말씀을 이해할 수 없듯이 뱁티즘의 의미를 알 수 없기 때문에 유아들에게 뱁티즘을 베푸는 것은 무의미하다는 의미이다 – 역자 주).14)

'침례에 의한 신자의 뱁티즘'의 풍성한 상징성이 1644년에 채택된 영국 침례교신앙고백에 처음으로 표현되었다. ≪제1차 런던신앙고백≫을 기초했던 영국 특수침례교 지도자들은 이렇게 진술하였다:

제39조항: 침례는 신약성서의 의식인데 그리스도에 의해 주어졌다. 그것은 믿음을 고백하는 사람들 즉, 제자들, 가르침을 받은 자들에게만 베풀어져야 한다. 침례는 신자의 신앙고백에 근거해서만 베풀어져야 한다.

제40조항: 이 의식을 베푸는 방법과 형식에 대해서는 성경에 '전신을 물 속에 잠기게 하거나 빠뜨리는 것'이라고 기술되어 있다. 그것은 하나의 표시인데 표시되는(signified, 의미되는 – 역자 주) 것에 답하여야 한다. 그것은 이러하다: 첫째로, 그리스도의 피에 영혼 전체를 씻는 것이다. 둘째로, 신자들은 죽음과 장사와 부활에 동참하는 것이다. 셋째로, 우리의 믿음을 확증함으로써 몸이 물 속에 장사되고 다시 일으킴을 받

'책임성의 나이'가 언제인지에 대해서는 사람마다 다르기 때문에 확정할 수는 없지만, 어떤 아이가 침례를 받기 위해서는 적어도 자신이 죄인임과 죄용서 받을 필요가 있음을 알고 그리스도를 개인적인 구주요 주님으로 믿고 따르겠다고 하는 결정을 스스로 할 수 있는 나이에 이르러야 한다고 침례교인들은 믿었다.

듯이, 신자들의 몸이 그리스도의 능력으로 일으킴을 받아 부활의 날에 그리스도와 함께 통치하는 것이다.15)

200여 년 이상 동안 어떤 침례교회들에서 헌아례(이것은 아기에게 유아세례를 베푸는 것이 아니라, 아이의 부모가 그 아이를 하나님의 말씀과 신앙으로 잘 키우겠다고 헌신하게 하는, 부모를 향한 예식이다 - 역자 주)를 시행해 오기는 했지만, 유아들에게 뱁티즘을 베풀고자 하는 유혹은 물리쳐 왔다. 아주 어린 아이들의 경우에도 신앙고백에 근거하여 그들에게 침례를 베풀어 왔던 것이 사실이기는 하지만, 그것이 합당한 행습이었는지에 대해서는 무척 의심스럽다. '책임성의 나이'(지적으로나 감정적으로나 의지적으로 스스로에게 책임을 질 수 있는 나이, 책임적인 결정을 할 수 있는 나이를 가리킨다 - 역자 주)가 언제인지에 대해서는 사람마다 다르기 때문에 확정할 수는 없지만, 아이가 침례를 받기 위해서는 적어도 자신이 죄인임과, 죄용서 받을 필요가 있음을 알고, 그리스도를 개인적인 구주요 주님으로 믿고 따르겠다고 하는 결정을 스스로 할 수 있는 나이에 이르러야 한다고 침례교인들은 믿었다.

일반침례교인들은 초창기에 메노나이트들이 행했던 대로 관수례

(affusion, pouring, 물을 머리 위에 붓는 뱁티즘의 방식이다 - 역자 주)를 주로 행했는데, 레오나르드 부셔(Leonard Busher)는 1614년에 쓴 글인 「종교의 평화: 양심의 자유를 위한 탄원」(Religion's Peace: A Plea for Liberty of Conscience, 이 글에서 부셔는 "어떤 왕이나 백성도 단지 육체적 출생에 의해서, 예수 그리스도에 의해 하나님께서 받으시는 참 복음의 종교를 가졌다고 말 할 수는 없다"고 역설하였다 - 역자 주)이라는 글에서 뱁티즘의 신약성서적인 방식은 침례(immersion)이며 자신은 네덜란드에서 침례행습을 실천했노라고 썼다. 런던의 특수침례교인들이 1641년에 침례의 방식으로 뱁티즘을 베풀기 시작했다는 것은 확실하다 (<키핀의 원고> Kiffin's Manuscript라고 하는 회의록에 리차드 블런트 Richard Blunt라는 사람이 네덜란드에서 침례를 받고 와서, 1641년에 블래락 Mr. Blalock과 53명의 사람들에게 침례를 베풀었다는 기록이 역사적인 증거자료로 남아 있다 - 역자 주). 일반침례교인들도 콜체스터(Colchester)에서 침례를 베풀었다. ≪제1차 런던신앙고백≫제40조항의 여백에 써놓은 다음과 같은 기록은 뱁티즘의 방식과 관련한 침례교인들의 입장을 더욱 공고히 해주고 있다:

'밥티조(Baptizo)'라는 단어는 '물 속에 잠그는 것(to dip under water)'을 의미한다. 동시에 (침례를) 집례하는 자와 (침례를) 받는 자는 간편하면서도 검소한 옷을 입는다.16)

1644년 이후부터 모든 침례교 신앙고백들에 의하면 뱁티즘은 신약성경의 모범에 따라 다음과 같은 이유에서 침례의 방식으로 행해져 왔다:

첫째로, 오직 침례만이 신자가 회심의 체험을 할 때 경험하는 죽음과 장사와 부활을 잘 상징해 주기 때문이다. 둘째로, 오직 침례만이 복음선포(kerygma) 즉, 그리스도의 죽음과 장사와 부활을 잘 선포해 주기 때문이다. 셋째로, 오직 침례만이 침례받는 자가 '그리스도의 능력으로' 그 자신이 미래에 부활할 것이라는 믿음을 적절하게 잘 표현해 주기 때문이다.

침례교인들은 침례를 베풀고 권징을 행할 권위는 오직 그리스도에 의해 지역교회에 위임되어 있다고 가르쳤다. 그렇기 때문에 지역교회가 제자에게 침례를 베풀라고 권위를 부여하는 것이다. 일반침례교인들과 특수침례교인들은 다른 사람들에게 침례를 베풀 권리가 어느 특정 개인에게 주어졌다는 것을 부인하였다. 권징과 마찬가지로 그 권위는 교회에 위임되었던 것이다. 침례를 받음으로써 그 사람은 제자들의 가시적인 회중에 가입이 허락되는 것이고, 똑같은 증거로 새로 침례받은 자는 교회의 권징에 순응해야 했던 것이다. 목사들과 집사들도 교회의 권징책임으로부터 면제되지 않았다. 초창기 침례교인들은 어느 한 사람, 예를 들면 담임목사 한 사람이 그 자신의 권위에 근거해서 어떤 회원을 교회로부터 제외시킬 수는 없다는 점을 강조하였다. 그들은 프란시스 존슨(Francis Johnson)이 암스테르담에 있던 영국 분리주의자들의 교회인 '고대교회'에서 행했던 독재적인 처사를 반복하지 않으려고 노력하였다. 이것은 약간의 예외들이 없는 것은 아니겠지만 여전히 대다수 침례교인들의 입장이다. 어떤 사람이 그리스도를 믿는다는 신앙고백에 근거하여 침례후보자로 받아들여졌을 때, 회중의 투표에 의해 그것을 결정하는 주체는 지역교회이다. 어떤 사람이 담임목사로 어떤 교회에 부름을 받았을 때, 물론 일반적으로 담임목사청빙위원회의 추천에 의하겠지만 회중의 투표에 의해 그것을 결정하는 주체 역시 지역교회이다. 침례교회에서 어떤 중요한 결정을 할 때에는, 특별한 경우에 교회회원들이 의사결정의 책임을 교회를 대신하여 어떤 위원회에 위임하지 않았다면, 지역교회의 사무처리회에서 모든 교회회원들이 모여서 결정을 하는 것이 원칙이다.

침례는 침례교인들에게 있어서 '교회회원으로서의 첫 행위'(지역교회로의 관문이고 교회회원으로서의 권리와 책임을 잘 감당하겠다는 교회에의 헌신이다 – 역자 주)이다. 침례를 받은 자들은 교회의 가시적인 교제인 주의 만찬에 참여하도록 허락을 받는다. 복음주의자들 사이에 뱁티즘의 본질과 목적에 관해서 보다는 주의 만찬의 본질에 관해서 더 많은 혼란과 논쟁이 있었다. 침례교인들 사이에서도 주의 만찬에 대한 혼란과 논쟁이 없지는 않았지만, 역사적인 침례교 신앙고백들을 보면 전혀 그렇지 않았다.

많은 침례교회들의 강대상 앞에 놓여있는 주의 만찬 탁자에 다음과 같은 글귀가 씌어 있다: "나를 기념하라." 이 글귀가 침례교인들에게는 주의 만찬의 우선적인 의미가 무엇인지를 이해하는 단서가 된다. 그것은 죄인들을 위한 그리스도의 죽음을 기념하는 것이다. 그 기원이 불명확하기는 하지만, 그것은 그리스도가 모든 유대교 제사들을 종식시키는 최종적인 제물인 하나님의 어린 양이심을 인식시켜 주는 것이다. 그래서 주

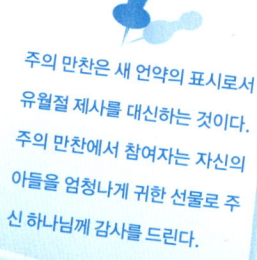

주의 만찬은 새 언약의 표시로서 유월절 제사를 대신하는 것이다. 주의 만찬에서 참여자는 자신의 아들을 엄청나게 귀한 선물로 주신 하나님께 감사를 드린다.

의 만찬은 새 언약의 표시로서 유월절 제사를 대신하는 것이다. 주의 만찬에서 참여자는 자신의 아들을 엄청나게 귀한 선물로 주신 하나님께 감사를 드린다. 그렇기 때문에 그것은 '유카리스트'(Eucharist, 성체성사, 성찬)이며 우리 주님이신 그리스도의 죽으심을 기리는 감사기념(thanksgiving memorial) 의식인 것이다. 또한 이 의식에 참여하면서 그리스도의 부활을 축하하는데, 참여자들은 주님의 재림약속을 기억한다. 그렇기 때문에 침례와 마찬가지로 주의 만찬도 복음선포 행위이다.

주의 만찬은 또한 '공동체 식사'(Communion, Koinonia)라고도 불린다. '공동체 식사'는 하나님의 사랑과 형제자매들의 교제를 축하하는 것이다. 주의 만찬에 참여함으로 제자는 그리스도를 향한 자신의 헌신을 새롭게 하고 그리스도 안에 있는 형제자매들을 향한 헌신을 다짐하는 것이다. 그렇기 때문에 주의 만찬은 지역교회의 의식이라는 심오한 의미가 담겨 있다. 마치 주의 만찬 의식 속에 어떤 신비한 마술적인 능력이 있다거나 하나님의 은혜가 참여자에게 전달되는 듯이 개인적으로, 혹은 병실 같은 곳에서 은밀히 행하는 의식이 되어서는 안 된다는 의미이다. 이런 식으로 주의 만찬을 행하게 되면 '공동체 식사'라는 의식의 의미와 목적이 왜곡되고 마는 것이다.

주의 만찬과 관련한 신학이 침례교인들에게는 본질적으로 동일하지만, 각 교회마다 그 의식을 집례하는 시기와 방법은 약간씩 다르다. 대체로 거의 모든 침례교회들이 세 달에 한 번 정도씩 주의 만찬을 행하지만 어떤 교회에서는 매달 한 번씩, 또 어떤 특별한 교회에서는 매주 한 번씩 행하기도 한다. 어떤 침례교회들에서는 교제식사의 한 부분으로서 주의 만찬에 참여하지만, 거의 모든 침례교회들에서는 떡(bread, 발효된 떡이든 발효되지 않은 떡이든)과 포도주 혹은 포도즙을 나눔으로써 그 의식을 집례한다. 주의 만찬이 한 주, 한 믿음 그리고 한 뱁티즘을 나눈 사람들의 '공동체 식사'이긴 하지만, 침례교인들은 종종 '유사한 신앙과 직제'를 가진 다른 신자들도 초청하여 함께 주의 만찬을 가졌다. 주의 만찬 축제를 행함에 있어서 다양성이 존재함에도 불구하고, 또 언제 어디서 행해질지라도, 그리스도의 희생적인 죽음의 의미에 대한 인식과 그분의 이름으로 제자도의 삶을 살겠다고 하는 참여자의 재헌신의 결단이 있어야 한다.[17]

목회

　원칙적으로 목회는 평신도들을 포함하여 전체 회중이 감당하는 책임이다. 이러한 이상이 모든 교회에서 실현되고 있지는 않지만 그것은 변함없는 진리이다. 처음부터 침례교인들은 교회의 영적인 삶과 의식적인 삶을 전적으로 책임진 성직자계급의 개념을 거부해 왔다. 교회회원 각자가 교회생활에서 동일한 특권과 책임을 지며 하나님 앞에서 제사장이요 종(이를 '모든 신자들의 제사장 직분'이라고 부른다 – 역자 주)이기 때문이다. 단지 각자가 감당하는 기능만 다를 뿐 그것이 계급이 되지는 않는다. 초창기 침례교인들이 신약성경의 모본을 따라 새로운 교회들을 이 땅 위에 설립한 이후 곧 침례교회 내에는 특별한 기능을 수행하기 위해 두 종류의 안수받은 직분들이 등장하였는데, 목사들과 집사들이다. 안수는 안수받는 자들에게 특별한 능력이나 명성을 부여해 주는 것으로 인식되지 않았다. 단지 복음을 설교하거나 회중의 물질적이고 현실적인 필요를 채워주기 위해서 부름받은 사람들을 회중이 신뢰감을 가지고 맡긴다는 것을 상징해 주는 의식이었다.

토마스 헬위즈가 존 스마이드와 그의 회중으로부터 분리되었을 때, 그는 침례를 베푸는 권위는 어떤 특별한 계급의 개인들에게 있는 것이 아니라 지역교회 회중에게 있다는 점을 강조하였다. ≪제1차 런던신앙고백≫도 본질적으로 이러한 입장과 의견일치를 보이고 있다. 단지 1644년판 신앙고백에서는 '목사, 교사, 장로, 집사' 등 네 가지로 목회 직분을 열거하고 있는데 칼빈주의적 회중주의 패턴을 보여주는 면이다. 그러나 2년 후 수정된 1646년판 ≪제1차 런던신앙고백≫에서는 교회의 지도력을 감당하는 직분을 '목사와 집사' 두 가지로 축소하고 있는데, 이것은 메노나이트들과 일반침례교인들의 패턴이었다. 대다수의 침례교회들에서는 교회를 섬기기 위한 공식적인 직분으로서 목사와 집사에게 안수를 행하지만, 또 어떤 침례교회들에서는 안수 자체를 불필요한 것으로 여기기도 하였다. 침례교운동의 역사에서 가장 잘 알려져 있고 가장 유능한 목사중의 한 사람인 찰스 스펄전(Charles Haddon Spurgeon)은 평생 동안 안수를 받지 않은 설교가였다. 또 세계적인 침례교 부흥사 빌리 그래함(Billy Graham)은 전 세계 어느 곳에서나 자신이 '미스터 그래함'(Mr. Graham)으로 소개되는 것을 선호하였다고 한다.

그렇기 때문에 침례교인들은 신자와 그리스도 사이에 고위성직자들과 종교회의들이 끼어드는 것을 거부해 왔다. 침례교 신앙고백들이 반복적으로 강조해 왔던대로 '하나님과 사람 사이의 유일한 중보자'는 그리스도이시기 때문이다.

침례교인들은 일반적으로 안수받은 성직자에게 보통 붙여지는 '존경하는' (Reverend)이라는 용어의 사용을 사양해 왔다. 침례교인들에게 있어서 안수는 교회의 어떤 기능을 수행하기 위해 섬기는 사람들에 대한 '교회의 승인'(혹은 '공적인 인정' - 역자 주)을 의미한다. 그것은 특별한 지위나 신분을 얻게 되는 것을 의미하지 않는다. 왜냐하면 모든 교회회원들이 그리스도를 통하여 평등하게 하나님께 나아가는 것이고 은사나 직분이 어떠하든지 간에 전도와 봉사의 책임이 교회회원들 모두에게 있다고 보기 때문이다. 실제 목회상황에서 많은 교회회원들이 공식적인 안수를 받지 않고서도 교사, 사회복지 사역자, 상담자, 전도자, 선교사 등의 목회적 기능으로 하나님과 하나님의 나라를 섬기고 있다. 이러한 봉사가 현실교회에서 실제로 이루어진다면, 그 교회는 보다 생명력 넘치는 분위기가 될 것이고 복음전도도 더욱 효과적인 결과를 얻게 될 것이다. 왜냐하면 더 많은 회원들이 교회의 다양한 목회사역들에 적극적으로 참여하면 할수록, 교회는 더욱 더 견고하게 서 갈 것이기 때문이다.18)

교육, 의료선교, 선교사역 등의 사역을 감당하기 위해서 침례교회에서도 조직이 필요하여 의장, 위원장 등의 직분을 세우기도 하는데, 침례교인들은 그러한 직분이 계급주의 체제로 발전하는 것을 피하기 위해 꾸

준히 노력해 왔다. 계급주의 체제는 융통성이 없는 경직된 관료주의로 흐르는 경향이 있어서, 조직의 특성상 행정을 맡은 자들에게 과도한 권력을 누리게 하여 그들 아래에서 일하는 사람들의 양심을 압박하기도 한다. 그렇기 때문에 침례교인들은 신자와 그리스도 사이에 고위성직자들과 종교회의들이 끼어드는 것을 거부해 왔다. 침례교 신앙고백들이 반복적으로 강조해 왔던대로 '하나님과 사람 사이의 유일한 중보자'는 그리스도이시기 때문이다.

의사결정

    모든 침례교회들은 '자치적인' 행정을 하지만, 어떻게 교회회원들 대다수가 수용할 수 있는 결정에 이를 것인가 하는 것은 중요한 문제이다. 길게 대답하자면 복잡하게 설명해야겠지만, 짧게 대답한다면 민주적인 과정을 통해서이다. 이상적인 것은 교회회원들 전체가 사무처리회에서 하나님의 뜻이라고 확신하는 합의를 이루어내는 것이다. 이것이 가능하지 않다면 단순히 다수결 투표에 의해 결정할 수도 있을 것이다. 그러나 교회의 헌장과 내규에 출석회원들 가운데 몇 퍼센트의 찬성이 있어야 한다고 분명히 명시하고 있다면 그 규정에 따라야 할 것이다.

자연스럽게 다음과 같은 질문이 제기된다: "의사결정의 과정에서 담임목사의 역할은 무엇인가?" 대다수의 침례교회들에서 담임목사는 사무처리회의 사회자나 중재자로서 봉사한다. 어떤 교회에서는 이러한 역할을 평신도 지도자에게 맡기는 경우도 없지 않다. 교회의 영적인 지도자로서 담임목사는 교회를 위한 어떤 중요한 결정을 해야 할 때, 교회회원들 가운데에서 가장 먼저 사무처리회 회의를 소집할 필요를 느낄 가능성이 많다. 어떠한 경우에도 회중에 의해서 그렇게 해도 좋다고 특별히 허락받지 않은 한, 담임목사는 자신의 지위를 이용하여 독단적인 결정을 해서는 안 된다는 것은 누구나 잘 알고 있다. 만약 담임목사가 교회회원들로부터 모범이 되는 '비이기적인 종'으로 인정받고 있다면, 교회는 회중의 집단적인 지혜보다도 담임목사의 판단을 더 신뢰하기도 할 것이다. 그러한 경우에도 담임목사는 그러한 책임까지 감당하지 않으려는 지혜를 가져야 한다. 새들백교회(Saddleback Church)를 섬기고 있는 릭 워렌(Rick Warren) 목사는 이렇게 말하고 있다: "나의 일은 교회를 통제하는(control) 것이 아닙니다. 나의 일은 교회를 이끄는(lead) 것입니다."[19]

집사들은 특히 교회협의회(교회 내의 기관장회의와 같은 것이다 - 역자 주)가 없는 경우에 종종 자문하는 역할을 감당한다. 전임 사역자들(담임목사는 물론 부목사나 전도사 등 풀타임 목회자들을 가르킨다 - 역자 주)이 있는 침례교회들에서 교회의 결정을 요하는 문제가 생겼을 때에는, 전임 사역자와 집사들과 교인들이 참여하는 특정 위원회에서 먼저 그 문제를 연구하고 토의한 후, 그 결과와 해결방안을 사무처리회에 추천한다. 어떤 독립침례교회에서는 담임목사가 모든 중요한 결정이 자신의 책임이라고 간주해서 그에 따라 행동하는 경우도 없지 않은 것 같다. 그러나 이러한 방식은 역사적으로 침례교 담임목사에게 위임된 패턴은 아니고, 동시에 교회와 담임목사 모두의 안전을 보장하는 최선책도 아니다. 결정이 어떻게 이루어지든 침례교인들은 교회란 그리스도에게 속해 있다는 데에 있어서는 만장일치의 의견을 가지고 있다. 그분만이 교회의 주인이시다. 지역교회와 그 본질, 교회 의식들, 목회, 선교 등의 교리에 있어서 침례교회의 가장 기본적이고 분명한 특징이 바로 그것이다. "그리스도 그분만이 교회의 주인이시다"라는 믿음은 기독교인의 삶에 광범위하게 영향을 미친다. 특히 다음 장에서 논의할 교회와 국가와의 관계에 있어서 더욱 그러하다.

Why Baptists?

식민지 시대의 미국에서 일어났던 종교의 자유를 위한 투쟁의 역사와 그 투쟁에 침례교인들이 어떤 역할을 했는지를 설명한 후에 트루엣 목사는 이렇게 연설하였다:

"종교의 자유는 모든 자유들의 유모입니다. 종교의 자유가 없이는 다른 형태의 모든 자유들은 머지않아 시들어 버리고 죽고 말 것입니다. 침례교인들은 침례교운동의 초창기부터 자유에 관한 이러한 생각을 영광스럽게 견지해 왔습니다."

제4장 교회와 국가

종교의 자유
하나님의 왕국

제4장
교회와 국가

근대적인 침례교운동이 시작된 이래로 초창기 침례교 신앙고백들에 반영되어 있듯이, 종교의 자유는 복음과 교회의 개념을 규정함에 있어서 중요한 몫을 차지하고 있다. 복음과 교회에 대한 신약성서적인 믿음에 의하면 종교에 대한 국가의 역할은 일정한 제한을 받아야 마땅하다.

17세기의 영국과 미국의 침례교인들은 복음의 선포는 '강요받지 않은 반응'에 근거하여 이루어져야 한다고 확신하였다. 그들은 예수 그리스도 안에서 계시된 하나님은 '초청하시는 하나님'이라는 확고한 믿음을 가지고 있었다. 하나님은 수고하고 무거운 짐 진 자들이 자신에게 오도록 초청을 하시는데 어느 누구에게도 그 초청을 받아들이도록 강제하지는 않는 분이다. 로저 윌리엄즈(Roger Williams)가 영국과 미국 뉴잉글랜드 지역의 청교도들에게 경고하기를, "믿음의 문제에 있어서 '강요'는 위선자들을 만들어낼 뿐, 참 그리스도인들을 만들어내지는 못한다"고 하였다. 성령의 깨닫게 하시고 회심케 하시는 능력으로 말미암아 그리스도를 믿는 자발적인 반응만이 진실한 회심을 낳는다는 것이다. 토마스 헬위즈는 "종교란 하나님과 개인 간의 사적인 문제다"라고 역설하였다. 그래서 그는 당시의 영국 왕 제임스 1세(James I, 스코틀랜드 왕 제임스 6세였는데 잉글랜드의 왕이 되어 스튜어트 왕조를 열었다. 그는 왕권은 하나님으로부터 받는다는 왕권신수설을 믿으며 강력한 군주로서 백성을 다스렸으며 영국국교회의 성직자들과 손을 잡고 침례교인들을 비롯한 분파들에 대해서 가혹한 핍박을 가하였다 – 역자 주)에게 이렇게 담대하게 말하였다:

"왕은 그것에(영적이고 내면적인 종교문제를 가리키다 – 역자 주) 응답할 필요가 없습니다. 왕은 하나님과 사람 사이에서 판단받지 않으셔도 됩니다. 이단자이든, 터키인이든, 유대인이든, 그 어떤 사람이든, 지상의 권력으로 영적인 문제들에 관해 그들을 벌주려 하셔서는 안 됩니다."[20]

복음의 개념을 이렇게 이해할 때, 종교의 자유는 곧 기득권을 가진 교회(국가교회)와 세속국가가 행사하는 '강요하는 권력'으로부터의 자유인 것이다.

교회의 본질을 생각할 때 교회생활에 세속정부가 개입하는 것은 금지된다. 침례교인들은 하나님께서 국가로 하여금 사회의 복지를 위해서 힘쓰도록 하셨다는 것을 인정하지만, 세속정부는 민사적인 일 즉, 사회질서 유지, 정의, 평화, 시민들의 '양도할 수 없는 권리'의 보호 등에 국한된 역할을 하도록 제한하셨다고 주장하였다. 침례교인들은 또한 세속정부는 흥망성쇠하는 것임을 분명히 인식하였다. 세속정부는 일시적인 질서인데 비해, 교회는 영원한 영적인 영역에 속해 있다. 그렇기 때문에 교회는 영적인 문제에 있어서 세속적인 권위의 통치에 구속당하지 않는다. 왜냐하면 교회의 주인은 오직 그리스도이시기 때문이다. 존 스마이드가 1612년에 ≪제안과 결론≫에서 이렇게 언급하였다:

> 제84조항: 세속정부의 관리는 자신의 직권으로 종교나 양심의 문제에 간섭해서는 안 된다. 이런 저런 형태의 종교나 교리를 사람들에게 강요하거나 강제해서도 안 된다. 기독교 종교를 각자의 양심에 따라 자유롭게 믿도록 내버려 두어야 한다. 세속정부의 관리는 사람이 다른 사람을 향해 저지른 상해나 피해, 살인, 성적인 죄, 절도 등의 민사적인 범죄들(롬 13장)에만 관여하여야 한다. 왜냐하면 그리스도만이 교회와 양심의 왕이요 입법자이시기 때문이다(약 4:12).[21]

스마이드의 주장은 세속정부에게는 주민들이 누구에게 예배를 드리든지 어떻게 예배를 드리든지 강요할 권리가 없다는 것이며, 주민들이 민사적인 법을 범하지 않는 한, 그들의 종교적인 활동에 제약을 가할 권리가 없다는 것이다. 그런데 현실적으로 전체주의 정부는 정부의 통치하에 있는 주민 삶의 모든 영역들을 통제하는 권리를 가지고 있다고 주장하고 있기 때문에, 침례교인들로서는 그러한 정부하에서 항상 스마이드의 원리를 견지하기가 현실적

침례교인들은 로저 윌리엄즈가 400여 년 전에 지적했듯이, 신앙문제에 있어서 세속정부의 간섭으로부터 일정한 자유를 누리는 동시에 시민으로서 세속정부에 대하여 일정한 권리를 가지는 것이다.

으로 가능하지 않을지 모른다. 그렇다고 해서 이 원리가 무력화되는 것은 아니다. 그리스도인들이 정치적 활동에 전혀 참여해서는 안 된다는 의미도 물론 아니다. 침례교인들은 자신들이 그리스도인이라는 이유로, 많은 나라들에서 그러하듯이 정치활동에서 일체 배제되거나 정치적인 자리를 박탈당하거나 해야 한다는 의미도 아니다. 침례교인들은 로저 윌리엄즈가 400여 년 전에 지적했듯이, 신앙문제에 있어서 세속정부의 간섭으로부터 일정한 자유를 누리는 동시에 시민으로서 세속정부에 대하여 일정한 권리를 가지는 것이다.

침례교인들에게 있어서 '교회와 국가의 분리'라는 개념은 '사회로부터의 종교의 분리'가 아니다. 이와는 반대로 이 원리는 교회가 국가의 한 기관이 되는 것으로부터 자유하게 되고 동시에 국가가 교회의 통제로부터 자유하게 되는 것을 의미한다. 교회와 국가가 연합되어 있으면(국교체제의 기독교를 의미한다 - 역자 주) 결국에는 기독교와 세속정부 양자 모두에

게 해가 된다는 것이 역사를 통해서 입증이 되었다. 교회가 양자의 분리로 말미암은 자유를 가지지 않고서는 사회의 양심으로서의 기능을 수행할 수 없다. 교회와 국가의 분리로 말미암은 종교의 자유는 주민들로 하여금 정직한 인격을 가지고 살 수 있도록 하는 원동력이 된다. 그렇기 때문에 양도할 수 없는 내면적인 권리를 가지고 살아가는 주민들은 예배를 드릴 자유를 향유할 수 있게 되고, 또한 삶의 모든 영역에서 말과 행함으로 자신의 믿음을 나눌 수 있게 되고, 내면적인 역동성을 가지고 자신의 믿음을 삶으로 살아낼 수 있게 되는 것이다. 연방헌법(Federal Constitution, 1789)에 덧붙여진 《제1차 수정헌법》(The First Amendment, 1791)은 미국에서 이러한 삶이 가능하도록 보장하고 있는 헌법조항인 것이다. 오늘날 미국사회의 모든 영역들에서 도덕적인 부패가 발생되고 있는 것은 《제1차 수정헌법》때문이 아니다. 그것은 인류의 역사에서 이전에는 한 번도 없었던 진정한 자유의 시대를 도래하게 한 헌법조항이다. 그렇기 때문에 헌법적인 자유들을 유익하게 잘 활용하는데 실패해 버린다면, 영적인 냉담과 비전의 상실이라는 고통이 미국의 교회들과 교단들의 미래에 분명히 들이닥치게 될 것이다.

종교의 자유

우리가 살펴보았듯이 종교의 자유를 헌신적으로 지켜내는 일은 침례교의 정체성을 견지하는데 필요불가결한 요소이다. 그것은 초창기로부터 소중하게 지켜온 침례교운동의 원리이다. 그런데 이 원리가 1970년대 초부터 발생한 유사 침례교운동(pseudo-Baptist movement, 레이건 행정부 시절 국가권력과의 결탁을 추구하면서, 미국은 처음부터 개신교 기독교국가라고 주장한 극단적인 침례교 보수주의자들의 운동을 가리킨다 – 역자 주)의 대두로 인해 훼손을 당하고 있다. 실제로 완전한 종교의 자유 원리에 대한 헌신을 떠나서는 침례교인들을 제대로 정의한다는 것이 불가능하다. 신자의 뱁티즘과 종교의 자유 개념은, 존 스마이드와 토마스 헬위즈의 추종자들을 존 로빈슨(John Robinson, 영국에서 분리주의자들의 교회인 게인즈보로 교회가 나누어졌을 때 스마이드 그룹이 아닌 스크루비파를 섬겼던 목사였는데, 이들도 1607년경에 핍박을 피해 네덜란드 라이덴에 정착하였다. 이들이 1620년에 메이 플라워호를 타고 미국으로 건너가서 필그림 조상 Pilgrim Fathers이 되었는데, 존 로빈슨 목사는 동행하지 않은 것으로 알려져 있다 - 역자 주)의 회중주의 추종자들로부터 구별되는 요소들이다. 먼저 분리주의자들(회중주의자들)과 장로교인들은 영국국교회를 자신들의 교회로 대치하여, 자신들의 교회를 영국의 기득권교회 즉, 국가교회로 만들려고 기대하였다. 이 사실은, 이들 두 그룹이 침례교인들, 퀘이커교인들, 카톨릭들, 종교문제에 있어서 그들과 차이가 있는 신앙인들 등에 대해서 관용의 여지가 전혀 없었음을 의미한다. 스마이드, 헬위즈, 마르크 레오나르드 부셔, 존 머턴(이들은 초창기에 종교의 자유를 위해 싸우거나 글을 썼던 영국 침례교 목사들이다 - 역자 주) 등이 주장했던 침례교의 입장은, 당시의 동료 분파들과는 확연한 대조를 이룬다. 결과적으로 식민지 시대에 로드 아일랜드주(로저 윌리엄즈에 의해 미국 최초의 침례교회가 세워졌고 그가 총독이 되어 교회와 국가의 분리 및 완전한 종교의 자유가 실천되었던 주이다 - 역자 주)에서 뿌리를 내리고 그 후에는 신생국가 미국에서 상당한 정도로 종교의 자유가 확장되는데 영향을 미쳤던 것은 종교의 자유 원리에 대한 침례교인들의 헌신적인 노력과 투쟁 때문이었다.

1939년, 권력욕에 굶주린 히틀러(Adolf Hitler)의 나치 정권이 유럽의 평화를 위협하기 시작했을 때, 침례교세계연맹(Baptist World Alliance)은 종교의 자유를 지켜내기 위해 큰 목소리를 냈다. 히틀러는 독일의 루터

교회를 재조직하면서 한스 뮐러(Hans Mueller)를 제국의 감독으로 임명하였다. 그의 의도는 이렇게 새롭게 개편한 어용 루터교회로 하여금 독일의 그리스도인들의 영혼을 조종하여, 제3제국의 적들을 척결하고 유대인들에 대한 자신의 인종차별정책을 지지하도록 하기 위한 것이었다.

그런 일이 있기 5년 전에 침례교세계연맹 국제대회가 독일 베를린에서 개최되었다. 그 당시 독일 지역에서 자유는 이미 적지 않은 훼손을 당하고 있었다. 신문들은 히틀러의 철권통치 아래에서 검열을 당했고, 힌덴부르크 대통령(President, von Hindenburg)은 임종을 기다리고 있었다. 침례교세계연맹 국제대회에 파송된 대의원들이 게르하르트 옹켄(Gerhard Oncken, 1800~1884, 독일 함부르크에 최초의 독일침례교회를 세웠고 유럽대륙 여러 나라에 침례교운동을 확산시킨 침례교 지도자이다 - 역자 주)이 침례를 받은 지 100주년이 되는 것을 축하하고, 그가 함부르크에서 복음을 선포한 용기 있는 노력을 경축하기 위해 참석했을 때, 독일의 상황과 징조는 불길하였다. 옹켄은 함부르크 시장(Buergmeister)의 격렬한 반대에 부딪혔으며, 시장은 옹켄을 압박하여 침례교 형제자매들의 활동을 잠재우려고 시도하고 있었다. 바로 이 침례교세계연맹의 국제대회에서 텍사스주 달라스제일침례교회 담임목사 조지 트루엣(George W. Truett, 1867~1944, 달라스제일침례교회를 그 당시 세계 최대의 교회로 성장시켰고 사우스웨스턴 침례신학원의 이사장을 오랫동안 역임하였으며 1920년~1940년대의 대표적인 남침례교 지도자였다 - 역자 주)이 연맹의 신임 총재로 선출되었다.

종교의 자유는 모든 자유들의 유모입니다. 종교의 자유가 없이는 다른 형태의 모든 자유들은 머지않아 시들어 버리고 죽고 말 것입니다.

제2차 세계대전이 일어나기 얼마 전에, 미국 조지아주 아틀란타에서 조지 트루엣 목사는 침례교세계연맹의 제6차 국제대회에서 <오늘날 세계를 위한 침례교 메시지와 선교>(The Baptist Message and Mission for the World Today)라고 하는 제목의 연설을 하였다. 이 때 했던 트루엣 총재의 연설만큼 종교의 자유와 교회와 국가의 분리 원칙을 유창하게 그리고 분명하게 제시했던 경우는 아마 이전에 거의 없었을 것이다. 그의 연설은 종교의 자유와 교회와 국가의 분리에 대한 그 당시의 대화와 토론에 너무나 적절한 조언이 되었기 때문에, 연설의 주요부분을 여기에 인용하고자 한다. 식민지 시대의 미국에서 일어났던 종교의 자유를 위한 투쟁의 역사와 그 투쟁에 침례교인들이 어떤 역할을 했는지를 설명한 후에 트루엣 목사는 이렇게 연설하였다:

> 종교의 자유는 모든 자유들의 유모입니다. 종교의 자유가 없이는 다른 형태의 모든 자유들은 머지않아 시들어 버리고 죽고 말 것입니다. 침례교인들은 침례교운동의 초창기부터 자유에 관한 이러한 생각을 영광스럽게 견지해 왔습니다. 우리의 주장은 과거에도 그랬고, 현재에도 그렇고, 미래에도 그러할 것입니다. 종교의 자유는 각자의 양심에 따라 하나님을 예배하든 예배하지 않든 선택할 수 있는, 하나님으

로부터 주어진 모든 인간들의 고유한 권리입니다. 인간은 다른 사람들의 권리를 침해하지 않는 한, 자신의 종교적인 믿음과 행함에 대해서 오직 하나님께만 책임을 집니다. 침례교인들은 이러한 주장을 자신들만을 위해서 했던 것이 아니라, 다른 사람들 즉, 온갖 종류의 프로테스탄트들, 로마 카톨릭교인들, 유대인들, 퀘이커교인들, 터키 사람들, 불신자들, 모든 곳에 있는 사람들을 위해서 동일한 주장을 하였습니다. 침례교인들의 주장은 단순히 관용만을 위한 것이 아니라 절대적인 자유를 위한 것입니다. 관용은 어떤 사람이 참아줄 수 권리를 가지고 있다고 거짓 주장하는 것을 암시합니다. 관용은 일종의 양보인 반면에, 자유는 권리입니다. 관용은 일종의 편법인 반면에, 자유는 원리입니다. 관용은 사람으로부터 주어지는 선물인 반면에, 자유는 하나님으로부터 주어지는 선물입니다. 그렇기 때문에 종교는 언제나 자발적이어야 하고 강요받아서는 안 됩니다. 어떤 신조를 따르거나, 어떤 형태의 예배를 드리거나, 자신들이 소속하지 않은 종교단체를 지원하기 위해 세금을 납부하거나 말거나, 어떤 신조를 믿거나 믿지 않거나 하는 것은 특정 세속 권력자들이 결정할 권리가 될 수 없다고 하는 것이 침례교인들이 언제 어디서나 고집스럽게 주장해 온 내용인 것입니다. 하나님께서는 다른 사람들이 아니라 자유롭게 예배드리는 사람들을 향해서 큰 기대를 가지고 계십니다.

이러한 본질적인 원리들을 고려해 보면, 왜 침례교인들이 모든 국가교회(state church)는 영적인 독재자라고 믿었는지 이해할 수 있을 것입니다. 교회와 국가는 그 본질과 그 기능이 너무나 뚜렷하게 다르기 때문에 교회와 국가의 연합을 정당화할 근거는 없습니다. 예수님은 다음과 같은 두 가지 말씀을 하시면서 그 원리를 말씀하셨습니다: "나의 왕국은 이 세상에 속한 것이 아니니라." "그런즉 가이사의 것은 가이사에게, 하나님의 것은 하나님께 바치라." 그렇기 때문에 국가가 교회를 향해서 멘토 역할을 하려 하거나 교회가 국가를 향해서 멘토 역할을 하려 할 때, 악의 판도라 상자는 백성들에게 열리게 됩니다.

"가이사에게 돌려야 할 것은 가이사와 그의 왕좌에게 돌리십시오. 양심과 영혼은 하나님께만 속하도록 창조되었습니다."

루터와 쯔빙글리와 칼빈과 그 외의 주류 종교개혁가들은 교회와 국가의 연합에 집착했기 때문에, 결국에는 심각할 정도로 종교개혁이 침체를 맞는 고통을 겪었습니다. 예수님의 말씀, "그런즉 가이사의 것은 가이사에게, 하나님의 것은 하나님께 바치라"고 하신 말씀을 다르게 표현하면, 단번에 단호하게 "교회는 국가와 이혼하라"는 선언입니다. 그것은 인간들의 신조와 행함을 위한 신기원을 여는 선언이었습니다. 그것은 새 날의 시작을 알리는 총성이었는데, 영원토록 이어져가야 할 총성의 메아리였습니다. "자유로운 국가에서의 자유로운 교회"의 원리는 큰 나라든 작은 나라든 지구 상에 존재하는 모든 나라에서 실현되어야 합니다.

교회와 관련해서 침례교인들은 그것은 하나님으로부터 말미암은 거룩한 기관이고, 사회의 변화하는 조건들에 따라 생성된 것이 아니라 그리스도의 마음이 표현된 것이라고 주장합니다. 교회는 어느 때에든 그리고 어느 기후에든 적응되어야 할 영속적인 기관입니다. 그것은 모든 백성들에게 세상 끝날까지 보존하고 가르쳐야 할 진리의 보고입니다. 침례교인들은 예수 그리스도의 교회는 영적인 기관이며 국적이나 인종이나 성 등에 근거하여 어느 특정인들이 독점적인 특권을 가지는 것을 거부하는, 순수하고 민주적인 기관이어야 한다고 주장합니다.[22]

트루엣 목사의 연설에 비추어 볼 때, 침례교세계연맹의 국제대회에 참석했던 침례교인들이 만장일치로 ≪종교의 자유에 관한 아틀란타 선언, 1939년 7월 27일≫을 종교의 자유에 관한 침례교인들의 대표적인 선언문으로 채택했다는 것은 그리 놀랄 일이 아니다. 그 내용의 일부를 인용하면 다음과 같다:

종교적이든 민사적이든, 사회적이든, 경제적이든, 어떤 사람도, 어떤 정부도, 어떤 기관도 사람이 어떻게 하나님을 예배할 것인가, 혹은 그가 예배할 것인가 말 것인가에 대해서 독단적으로 강제할 아무런 권리를 갖지 않는다.

그렇기 때문에 어떤 민사적인 당국자도 특정 종교를 국교화하려는 시도에 관하여 그리고 자유로운 종교행위에 영향을 미치려는 시도에 관하여 법이나 규칙이나 규범을 만드는 것은 올바르지 않다.

> 우리의 변함없는 침례교 신앙행습을 이어가기 위해서 우리는 절대적인 종교의 자유를 완전하게 견지해 나갈 것을 다시 한 번 더 강조해야 하겠다. 이 자유는 각자의 믿을 자유뿐만 아니라 믿지 않을 자유까지를 포함하는 것이다.

국가교회들(State Churches)과 교회국가들(Church States)은 양자 모두 자유의 원리와 직접적인 갈등을 일으킨다. '자유로운 국가에서의 자유로운 교회'의 원리야말로 자유롭고도 상호 유익하게 서로의 합법적인 영역과 기능을 위해서 기여할 것이기 때문에 이상적이다. 그러나 양자는 재정적으로나 행정적으로 상호 의존하려고 해서는 안 된다. 어떤 국가도 특정 종교를 다른 종교들에 비해서 우선적으로 선호하거나 편애하는 것은 옳지 않다.

우리의 변함없는 침례교 신앙행습을 이어가기 위해서 우리는 절대적인 종교의 자유를 완전하게 견지해 나갈 것을 다시 한 번 더 강조해야 하겠다. 이 자유는 각자의 믿을 자유뿐만 아니라 믿지 않을 자유까지를 포함하는 것이다.23)

하나님의 왕국

　침례교인들에게 있어서 하나님의 왕국은 현재 이미 실현된 실재이면서 동시에 아직은 완성되지 않은 실재이다. 그것은 지상의 민족이나 인종들이 세운 세속적인 왕국과는 분명히 구별되는 왕국이다. 그리스도께서 하나님의 왕국에 대하여 여러 차례 언급하셨던 것에 잘 나타나 있듯이, 그것은 성령의 임재를 통해서 그리스도가 통치하도록 허용된 현재의 영적 실재이다. 그러나 그것은 주님께서 재림하실 때에 완성될 미래의 왕국이기도 하다. 그분은 재림하셔서 '왕 중의 왕이요 만주의 주'로서 통치하실 것이다. '이 세상의 왕국들이 우리 하나님의 왕국이 될 것이요 그분께서 영원토록 왕 노릇하며 통치하실 것이다.'

일부 침례교인들이 언제 그리스도께서 다시 오실 것이며 언제 그분의 왕국을 완성하실 것인가를 결정하기 위해 시도한 적도 있지만, 대다수의 침례교인들은 그러한 시도를 삼가고 있다. 내가 알기에는 모든 침례교 신앙고백들은 그리스도께서 가시적인 모습으로 이 땅에 다시 오실 것이고 재림과 관련한 일련의 사건들을 거칠 것을 표현하고는 있지만, 세상 역사의 마지막 장이 언제 쓰일 것인지에 관해서는 그 날짜를 지정하지 않고 있다. 그리스도의 재림과 하나님의 왕국에 관하여 《침례교인들의 신앙과 메시지, 1963년》의 제9조항은 대다수의 침례교 신앙고백들을 대변하고 있다.[24]

> 하나님의 왕국은 우주에 대한 그분의 일반적인 절대주권적 통치와 그분을 왕으로 인정하는 사람들에 대한 그분의 특수한 왕권적 통치를 말한다. 특히 왕국은 사람들이 예수 그리스도를 신뢰하여 어린 아이와 같은 믿음으로 헌신함으로써 들어가는 구원의 영역이다. 그리스도인들은 왕국이 도래하도록 그리고 왕국의 뜻이 이 땅 위에 이루어지도록 기도하고 노력해야 한다. 왕국의 충만한 완성은 예수 그리스도의 재림과 이 세대의 끝에 이루어질 것이다.

Why Baptists?

이전에는, 장로교인들, 침례교인들, 퀘이커교인들, 메노나이트들을 비롯한 종교적인 분파들은 차별과 군중폭력과 박해의 대상자들이었다. 침례교인들의 수가 증가하자 신실한 설교자들과 평신도들에 대한 구타와 투옥은 더 심해졌다. 침례교인들이 열정적으로 복음을 증거한다는 이유로 분파들 가운데에서도 가장 격심하고 잔인한 핍박의 표적이 되었다.

제5장 침례교인들 이야기

침례교인들의 기원
최초의 특수침례교인들
식민지 시대의 미국 침례교인들
근대선교운동
침례교인들과 연합활동

제5장
침례교인들 이야기

    침례교인들은 어디에서 어떻게 유래했는가? 시시때때로 제기되는 이 질문에 대해서 만족스러운 답변이 이루어진 적이 별로 없었다. 종종 잘못된 답변들이 확실한 역사적인 증거도 없이 제시되기도 했다. 어떤 침례교인들은 침례 요한의 때 즉, 예수님(Jesus)이 요단강(Jordan River)에서 침례 요한(John the Baptist)으로부터 침례(immersion)를 받았을 때 이미 이 땅 위에 등장했다고 주장하였다(이를 JJJ Theory라고도 하고 '침례교전승설' Baptist Successionist Theory라고도 하는데, 침례의 전승 Succession of Immersion을 침례교 역사의 정통성의 근거로 여긴다. 오늘날의 침례교인들이 침례를 행하고 있는데 예수님이 침례를 받으시고 베푸셨다면, 로마 카톨릭교회 밖에서도 지난

2,000년 동안 침례는 계속 이어져 왔을 것이라는 이론이다. 가정과 추측과 바램에 근거한 신앙의 독선적 주장이지 학문적인 객관적 이론은 아니다. 그래서 교회 역사 속에 등장하는 순교자들의 '피흘린 발자취들' Trail of Blood이 침례교인들의 순교 흔적이라는 주장인데, 확실한 역사적 증거를 결여하고 있다 – 역자 주). 침례교인들이 성경을 매우 중요시했고 그들의 교리들과 신앙행습들을 신약성경에 근거하여 정립하려고 했지만, 수 세기 동안 이어져 온 확인 가능한 확실한 기독교운동으로 침례교인들을 추적하는 시도는 그리 간단한 일이 아니다. 그렇다고 기독교 역사 속에서 오늘날의 침례교인들과 유사한 신앙을 가졌던 개인들이나 그룹들(예를 들면 초대교회의 노바투스파, 도나투스파, 몬타누스파, 중세교회의 알비파, 왈도파, 보고밀파, 종교개혁기의 아나뱁티스트들 등의 복음적 분파들 – 역자 주)이 있었다는 것을 부인하는 것은 아니다. 그렇지만 16세기에 깊이 뿌리를 내리기는 했지만, 17세기 이전에 계속 이어져 온 역사를 가진 분명한 침례교운동을 확인하는 것은 가능하지 않다.

침례교인의 기원

　수십 년 동안 침례교 역사 연구에 헌신해 온 후에 내가 내린 결론은, 영국의 분리주의자들(English Separatists, 영국의 국가교회인 영국국교회에 문제가 있음을 비판하면서 예수님을 따르는 참 제자들의 교회를 이루기 위해서는 그 교회를 떠나 독립된 교회를 이루어야 한다고 주장한 사람들을 가리킨다 – 역자 주)이 네덜란드에서 메노나이트들(네덜란드의 아나뱁티스트인 메노 시몬즈 Menno Simons(1496~1561)는 아나뱁티스트 신앙과 신학을 집대성한 신학자요 아나뱁티스트 운동의 지도자였는데, 그를 따르는 아나뱁티스트들을 메노나이트라고 부른다 – 역자 주)의 영향을 받으면서부터 비로소 최초로 확인 가능한 침례교인들이 역사무대에 등장하게 되었다는 것이다. 이러한 과정은 존 스마이드(John

Smyth, 1570~1612)의 생애와 사역에서 잘 드러나는데, 그는 영국 중남부 지역 링컨셔에 있는 게인즈보로(Gainsborough, Lincolnshire)에서 분리주의자들의 교회를 담임목사로 섬겼다. 그는 1607년경에 영국국교회와 왕실로부터 가해지는 핍박을 피해서 토마스 헬위즈를 비롯한 교우들과 함께 영국해협을 건너 암스테르담으로 집단이주하였다. 네덜란드에서 1년여의 시간을 보낸 후에 스마이드는 자신의 교회를 해체했다. 게인즈보로 교회는 '구약성서에 등장하는 성도들의 모범을 따라' 구성되었는데, 언약에 기초하여(이 말은 '하나님의 선택'이라는 하나님의 일방적인 언약에 기초한 교회였다는 의미인데 칼빈주의적인 구원관에 입각한 교회였다 – 역자 주) 영국 땅에서 조직되었던 분리주의자들의 교회였다. 암스테르담에 거처를 마련한 피난민들은 주위에 있던 네덜란드 메노나이트들의 신앙과 삶, 특히 유아세례 전통을 부정하고 오직 신앙고백을 하는 신자들에게만 뱁티즘을 베풀고 그러한 신자들만의 공동체를 교회로 여기는 모습에 큰 감명을 받았다. 스마이드는 신약성경에 제시된 모범을 따라 1609년에 개인적인 신앙고백과 신자의 뱁티즘에 근거하여 그 교회를 재조직하였다. 그는 또한 청교도들과 분리주의자들의 특징이었던 칼빈주의 신앙을 버리고, 그리스도는 모든 사람을 위하여 십자가에 못 박혀 죽으셨으며 누구든지 구원을 위하여 그분을 믿기만 하면 구원받는다는 점을 강조하는 십자가 신학(이것은 네덜란드의 메노나이트들이 가지고 있던 일반속죄론이었다 – 역자 주)을 채택하였다. 그는 신자의 뱁티즘, 신자들의 교회, 제자도, 종교의 자유, 교회와 국가의 분리 등 다른 메노나이트 가르침도 채용하였다.

교회가 개척된 지 4~5개월이 채 지나지 않아, 스마이드 목사가 자신이 시작한 침례교회를 해체하고 암스테르담에 있던 워터랜더파 메노나이트교회로 들어가자는 제안을 했을 때, 새롭게 태동한 침례교회의 부유한 회원이자 스마이드의 강력한 후원자였던 토마스 헬위즈(Thomas Helwys, 1575~1616, 그는 영국에서 상당한 재력을 가진 명문가 출신이었는데 스마이드 회중이 암스테르담으로 집단이주할 때 일체의 이주경비를 부담했다고 알려져 있다 – 역자 주)는 완강하게 반대하였다. 헬위즈는 자신들이 메노나이트 교회로 들어가게 되면, 동료 영국인들이 모두 계속 네덜란드에 남아야 하고 자신들이 새롭게 발견한 믿음을 영국 땅에 있는 영국인들과 함께 나누는 것을 포기해야 한다고 느꼈던 것 같다. 헬위즈와 그의 추종자들과, 스마이드와 그의 추종자들이 분열하지 않을 수 없었던 또 다른 이슈들도 있었다. 스마이드가 1612년 8월에 암스테르담에서 죽은 후(스마이드는 메노나이트교회에 가입신청을 한 후 대기상태에서 폐결핵에 걸려 이 세상을 떠났다 – 역자 주), 헬위즈는 10여 명의 침례교회 회원들을 이끌고 1611년에 영국 땅으로 돌아왔고 런던시를 둘러싼 성벽 바깥에 있는 스피탈필드(Spitalfield)에서 새롭게 침례교회 사역을 시작하였다.[25] 이 교회는 한 가지 중요한 점에서 스마이드의 교회와 차이가 있었다. 즉 헬위즈는 관리(세속정부의 공무원)도 교회회원이 될 수 있다고 주장했는데, 스마이드는 메노나이트들처럼 이것이 가능하다는 것을 부인하였다. 헬위즈는 세속공무원직을 가지고 있으면서도 만약 그가 진심으로 그리스도께 자신을 드리고 뱁티즘을 통해 주님을 따르겠다고 결심했다면, 그런 사람은 침례교회의 회원이 될 수 있다고 본 것이다. 그렇지만 헬위즈는 만약 그러한 공무원이 자신의 관료적인 권세를 교회 내에서 행사하거나 다른 회원들 위에 군림하면서 자신의 세속적인 지위를 향유하는 것까지를 옹호할 의도는 가지고 있지 않았다.

헬위즈와 그의 작은 교회는 영국 왕에게 기꺼이 충성서약을 하였고 충성스러운 시민으로서 나라의 방위를 위해서 기꺼이 섬기겠다고 서약하였다. 그렇지만 그들은 세속국가의 통치범위는 민사적인 일들에 국한되어야 한다는 점을 계속해서 강조하였다.

세속정부의 공무원이 그리스도인이 되고 교회에서 뱁티즘을 받아 교회회원이 될 수 있다고 하는 견해는 영국과 다른 나라들에서 그 후 침례교 발달에 적지 않은 영향을 미쳤다. 17세기 당시에는 그럴 것 같지 않았을지 모르지만, 헬위즈가 세속정부에 대해 가졌던 적극적인 태도는 영국 땅에서 침례교인들에게 매우 고무적인 미래를 약속하였다. 헬위즈와 그의 작은 교회는 영국 왕에게 기꺼이 충성서약을 하였고 충성스러운 시민으로서 나라의 방위를 위해서 기꺼이 섬기겠다고 서약하였다(이 점에 있어서도 헬위즈는 스마이드와 그리고 메노나이트들과 많이 달랐다. 일반적으로 메노나이트들은 예수님의 가르침에 따라 맹세나 서약을 금하고 있었다 - 역자 주). 그렇지만 그들은 세속국가의 통치범위는 민사적인 일들에만 국한되어야 한다는 점을 계속해서 강조하였다. 이러한 입장은 헬위즈가 쓴 작은 책자인 「불법의 신비」(The Mistery of Iniquity, 1612)에 잘 표현되어 있다. 결국 그는 이 책으로 인하여 투옥되었고 감옥에서 순교를 당하였다.

영국 땅으로 돌아온 지 1년쯤 지났을 때 헬위즈는 「불법의 신비」를 영국왕 제임스 1세에게 헌정한 후 감옥에 갇혔다. 3년이 채 안 되어서 그는 런던에 있는 뉴게이트(Newgate, 1585~1626) 감옥에서 세상을 떠났다. 그의 후계자였던 존 머턴(John Murton)은 네덜란드에서 영국 땅으로 돌아올 때 헬위즈와 동행했는데, 그도 역시 같은 감옥에서 순교를 당하였다. 그는 죽기 전 수년 동안 헬위즈가 뿌려놓은 복음의 씨앗을 효과적으로 잘 싹 틔우고 가꾸었다. 머턴이 쓴 종교의 자유에 관한 책 두 권(1615년에 쓴 「대화의 방식으로 답변한 반대 주장들」 Objections Answered by Way of Dialogue과 1620년에 쓴 「겸손한 간청」 A Humble Supplication이 그것이다 – 역자 주)이 출판이 되었고 적어도 세 번째 판까지 추가 발행되었다. 그는 또 다른 글들도 썼다. 존 머턴은 10년 동안 감옥생활을 한 후 1626년 경에 죽었다. 그러나 그는 그의 문학적인 유산뿐 아니라 런던 시내와 주변에 8개의 일반침례교회들을 지상에 남겨 놓았다.

최초의 특수침례교인들

　최초의 영국 침례교인들은 '일반침례교인들'로 알려져 있다. 왜냐하면 그들은 그리스도께서 선택받은 자들만을 위해서가 아니라 모든 자들을 위해서 죽으셨다고 주장했기 때문이다(이러한 구원론을 일반속죄론 혹은 무제한속죄론이라고 부른다. 그리스도께서 모든 사람들을 구원하기 위해 죽으셨으니 누구든지 회개하고 그분을 믿기만 하면 죄 사함을 받고 구원을 받는다는 구원론이다 - 역자 주). 두 번째 그룹의 침례교인들은 1638년에 런던 써덕(Southwark, 영국인들은 이를 써덕이라고 발음하는데 런던다리 London Bridge 남쪽 구도심에 위치한 지역이다 - 역자 주)에서 출현하였다. 이들은 1641년에 '침례에 의한 신자의 뱁티즘'을 채택하였다. 이 침례받은 신자들의 새로운 교제는 특수속죄론

(제한속죄론)을 주장했기 때문에 특수침례교인들로 알려져 있다. 이 침례교인들에게는 일반침례교인들보다도 칼빈주의적 영향이 보다 분명히 나타나 있었고, 그러한 신앙적인 경향이 1644년과 1646년의 ≪제1차 런던신앙고백≫에 잘 진술되어 있다. 그런데 이 침례교인들 역시도 메노나이트들의 영향을 반영하였다. 실제로, 이들은 네덜란드어를 이해했던 리차드 블런트(Richard Blunt)라는 회원을 네덜란드로 파송하여 침례를 받게 하였다. 아마도 존 스마이드가 스스로의 머리 위에 물을 부으며 뱁티즘을 베풀었던 것('스스로 뱁티즘' 혹은 '자기 뱁티즘' Se-baptism, Self-baptism 이라고 한다 - 역자 주)에 대하여 존 로빈슨(John Robinson)이 제기했던 냉소적인 비판을 회피하기 위한 목적이었을 것이다.

글렌 스타센 교수(Glen Stassen, 남침례신학원에서 오랫 동안 기독교윤리학 교수로 봉사하다가 풀러신학원으로 옮겨 가르치는 사역을 감당하였다 - 역자 주)는 리차드 블런트가 메노 시몬즈의 「기초책」(아나뱁티스트 신앙과 신학을 집대성한 책인데 원제목은 「기독교교리의 기초」 Foundation of Christian Doctrines, 1639이다 - 역자 주)과 영국에서 일어난 새로운 침례교운동 사이에 인간적인 연결고리 역할을 했을 가능성이 크다고 평가하였다. 스타센 교수는 자신의 치밀한 연구를 통해서 ≪제1차 런던신앙고백≫은 세 가지 원천적인 자료들로부터 연유했다고 결론지었다: 1) 영국 분리주의자들의 신앙고백인 ≪참 신앙고백≫(A True Confession), 2) 윌리엄 에임즈(William Ames, 청교도 학자) 박사가 집필했던 글들, 3) 메노 시몬즈의 「기초책」이 그것들이다. 이 세 자료들 가운데 특수침례교인들을 당시의 청교도들과 동료 분리주의자들로부터 차별화하여 그들의 신앙적인 특징들을 구체화하는데 직접적인 영향을 미쳤던 것은 바로「기초책」이었다는 것이다. 스타센 교수는 메노 시몬즈의「그리스도교 교리의 기초」에서 사용한 성경 구절들과 거기에서 인용한 문장들을 조심스럽게 분석한 결과, 영국 특수침례교인들의 태동에 대륙의 아나뱁티스트들의 영향이 있었음을 부정할 수 없다고 주장하였다. 더 나아가 그는 영국의 특수침례교인들은 칼빈주의 전통과 메노나이트 전통이 합쳐진 결과로 형성되었다는 점을 강조하였다.26)

이것은 종교적인 문제들에 대한 국가의 권위와 관련된 조항들에서 더욱 선명하게 드러난다고 스타센 교수는 진술하였다. ≪참 신앙고백≫제39조항은 집필자들의 칼빈주의 신앙을 반영하고 있는데, 이들은 프란시스 존슨(Francis Johnson) 목사가 시무하던 고대교회(Ancient Church)의 회원들이었으며 분리주의자들(Brownists, '분리주의운동의 아버지'라고 불리우는 로버트 브라운 Robert Brown의 추종자들이다 – 역자 주)이었다. 존슨 목사는 그 당시에(1596) 런던의 감옥에 갇혀 있었고, 그가 목회하던 교회회원들 대다수는 헨리 에임즈워스(Henry Aimsworth) 목사의 인도를 받아 암스테르담에 체류하고 있었다. 제39조항의 내용에 대한 성경적인 지지를 이끌어내기 위해서 신약성경으로부터는 6개 구절, 구약성경으로부터는 적어도 25개 구절을 인용하였다. 이 신앙고백은 분명히 침례교신앙고백이 아니었다. 이 분리주의자들은 영국 땅에서 핍박의 대상이긴 했지만, 종교의 자유에 대한 확신은 없었다. 이와 반대로 그들은 국가가 자신들의

이 분리주의자들은 영국 땅에서 핍박의 대상이긴 했지만, 종교의 자유에 대한 확신은 없었다. 이와 반대로 그들은 국가가 자신들의 기독교 신앙체계를 지지해 주고 자신들과 다른 분파들에 대해서는 억압을 가해 주어야 한다고 주장하였다.

기독교 신앙체계를 지지해 주고 자신들과 다른 분파들에 대해서는 억압을 가해 주어야 한다고 주장하였다. ≪참 신앙고백≫ 제39조항의 내용은 이러하다:

제39조항: 하나님 아래에서 자신의 통치영역들에서 모든 사람들을 다스리는 하나님의 명령에 의해 권위를 부여받은 왕들과 관리들은, 자신들의 권위에 따라 모든 거짓된 사역들과 자생한 종교들과 하나님을 향한 거짓 예배들을 억압하고 뿌리 뽑아야 한다. 또한 그들은 우상의 성전들, 화상들, 제단들, 성의들, 그리고 모든 다른 우상과 미신의 기념비들을 척결하고 파괴해야 한다. 그들은 모든 우상적인 건물들과 기념비들과 거짓 목회사역과 불법적인 교회기능으로 말미암아 생긴 수입과 재산을 민사적인 목적을 위해 그 용도를 변경할 수 있다. 반면에 그들(왕과 관리들)은 하나님의 말씀에 따라 하나님을 조심스럽게 예배하고, 세속국가의 법률로 하나님의 말씀과 참 종교와 참 목회사역을 유지하고 보호해 주어야 한다.27)

런던에 소재한 일곱 개의 특수침례교회들이 채택한 ≪제1차 런던신앙고백≫은 종교문제에 대한 국가의 역할에 관해서 분리주의자들과는 뚜렷하게 다른 태도를 취하였다. ≪참 신앙고백≫과는 대조적으로 ≪제1차 런던신앙고백≫에서는 종교의 자유와 종교문제에 대한 국가 역할의

한계에 관한 조항들에서, 그 내용을 지지하기 위해서 인용된 28개의 성경 구절들 가운데에서, 구약성경으로부터 인용된 구절은 단지 3개뿐이었다. 또한 이 특수침례교인들은 5개의 간략한 조항들에서 종교의 자유에 대한 자신들의 입장을 간단명료하게 진술하였다. 그 주제에 대한 분리주의자들의 신앙고백(≪참 신앙고백≫을 가리킨다 – 역자 주)이 매우 장황하고 복잡하게 진술하고 있는 것과는 무척 대조적이다. ≪제1차 런던신앙고백≫ 제49조항과 제51조항이 침례교인들의 입장을 핵심적으로 잘 묘사해 주고 있다:

> 제49조항: 왕과, 왕국에 의해 자유롭게 선출된 의회에, 이 왕국의 최고 통치권이 있다고 우리는 믿는다. 그리고 왕과 의회에 의해 결의되었거나 또는 현재 제정되고 있거나 혹은 장차 제정될 모든 민사적인 법들에 대해서, 우리는 주님 안에서 복종하고 순종해야 한다고 믿는다. 그것은 마치 우리 자신이 선출한 사람들과 그들에 의해 만들어진 모든 민사적인 법들을 우리의 인격과 자유와 재산과 우리가 가진 모든 것을 통해서 방어해야 한다고 생각하는 것과 같다. 우리가 교회의 법들을 그들에게 적극적으로 양보하지 않는다고 해서, 그들로부터 결코 크게 고통을 받는 일이 있어서는 안 된다. 그들은 필시 그 교회의 법을 세우는 일이 그들의 의무라고 생각하고 있겠지만, 우리는 현재 그렇게 생각하지도 않을 뿐 아니라 우리의 양심도 그것을 허용하지 않는다. 그럼에도 불구하고 우리는 우리 자신을 그들이 기뻐하는 대로 내어줄 의무가 있다.[28]

제51조항: 만약 세속정부의 관리들이 신앙생활의 자유를 용납하지 않고 신앙의 진보를 반대한다고 하더라도, 우리는 그들과 그리스도인의 교제를 계속해야 하고 우리의 신앙행습을 멈추지 말아야 한다. 오히려 우리는 앞에서 언급한 믿음을 진술하고 고백함으로써 그리스도께 더욱 순종해야 한다. 심지어 온갖 시련과 핍박 가운데 처해진다고 하더라도, 우리의 재물과 토지와 아내와 자녀와 아버지와 어머니와 형제와 자매와 우리 자신의 생명까지도 집착하여 돌아보지 말고 우리는 기쁨으로 우리의 갈 길을 마쳐야 한다. 우리는 항상 사람보다는 하나님께 순종해야 한다는 사실을 기억해야 한다. 우리의 주님과 주인되신 예수 그리스도의 계명과 사명 그리고 약속 위에 견고히 서야 한다. 우리가 우리에게 주어진 계명을 신실하게 지키면, 하늘과 땅의 모든 권세를 가지신 그분께서 세상 끝날까지 우리와 함께 하겠다고 약속하셨다. 그리고 우리가 우리의 갈 길을 다 마치고 믿음을 지킬 때, 그분은 의의 면류관을 우리에게 주겠다고 약속하셨다. 그러한 상은 그분의 다시 오심을 사모하는 모든 사람들을 위해 준비된 것이다. 우리는 다시 오실 그분께 우리의 모든 행동들에 대해 회계보고를 하여야 한다. 어느 누구도 그러한 책임을 면제받을 수는 없다.[29]

《제1차 런던신앙고백》의 1646년판에 특수침례교인들은 종교의 자유에 관한 자신들의 입장을 명료하게 강조한 <추가적 설명>을 제48조항의 여백에 첨가하였다. "그리고 하나님을 향한 예배와 관련하여, 구원하기도 하시고 멸하기도 하시는(약 4:12) 유일한 입법자 예수 그리스도가 계신다. 그분은 자신을 향한 예배를 위하여 그분의 말씀 안에서 충분한 법과 규범을 주셨다. . . ."30) 침례교인들은 핍박을 받던 소수자들이었기 때문에 그들만이 이러한 신앙고백의 조항들을 통해서 교회와 국가에 관한 입장을 밝혔을 것이라고 항변하는 사람들이 있는데, 그들에게는 분리주의자들의 《참 신앙고백》을

특수침례교인들은 분리주의자들의 국가교회 개념을 거부하고 종교의 자유에 대한 주장을 구약성경이 아니라 신약성경에 기반을 둠으로써, 분리주의자들의 칼빈주의적 전통을 분명하게 끊어버린 것이다.

보라고 권하고 싶다. 분리주의자들 역시 당시 네덜란드에서 피난살이를 한 핍박받던 소수자들이었지만, 그들은 국가교회 개념을 가지고 있던 대표적인 사람들이었다. 그들은 여전히 '이단적인' 종교를 용인하려 하지 않았다. 특수침례교인들은 분리주의자들의 국가교회 개념을 거부하고 종교의 자유에 대한 주장을 구약성경이 아니라 신약성경에 기반을 둠으로써, 분리주의자들의 칼빈주의적 전통을 분명하게 끊어버린 것이다.31)

《제1차 런던신앙고백》에는 칼빈주의적 개념과 메노나이트적 개념이 함께 공존하고 있지만 양자 간의 분별이 가능하다. 특수침례교인들은 '영벌'(영원한 유기)을 거부했고, '맹세'를 인정했지만 오직 진리를 확인하기 위해서만 그렇게 했다. 메노는 침례의 방식으로 뱁티즘(immersion)을 베푼 것 같지 않은데, 침례교인들은 메노의 「기초책」으로부터 '신자의 뱁티즘' 개념을 이끌어 와서는 뱁티즘에 관한 신약성서의 구절들을 참고하면서 침례(immersion)를 실천하였다. 레오나르드 부셔(Leonard

Busher)는 그 당시 델프트(Delft)에 살던 일반침례교인이었는데, 약 30여 년 전에 「종교의 평화: 양심의 자유를 위한 탄원」(Religion's Peace: A Plea for Liberty of Conscience, 1614)이라는 글에서 신약성서에서 행하여진 뱁티즘은 침례의 방식이었다고 썼다. 그런데 특수침례교인들은 이러한 뱁티즘의 방식을 처음 목회현장에 도입했던 사람들이었고, 적어도 공개적으로 출판된 신앙고백(≪제1차 런던신앙고백, 1644≫ 을 가리킨다 - 역자 주)을 통해서 침례가 유일하게 올바른 성서적인 뱁티즘임을 처음으로 진술하였다.

17세기 말에 이르러 침례교인들 사이에 많은 발전과 변화가 있었다. 보통 '아나뱁티스트'(Rebaptizers, 다시 뱁티즘 베푸는 자들)이라고 불리던 침례교인들은 이제 단순히 '뱁티스트'(Baptists)로 알려지게 되었다. '제칠일 침례교인'(Seventh Day Baptists, 구약의 십계명 가운데 제4계명인 안식일을 거룩하게 지키라는 율법을 문자 그대로 따르는 자들로서 유대교의 안식일인 토요일에 예배드리는 것을 고집한 침례교인들이다 - 역자 주)과 '육원칙 침례교인'(Six Principles Baptists, 히브리서 6장 1~2절에 나오는 그리스도 도의 초보를 강조하면서, 죽은 행실을 회개함, 하나님께 대한 신앙, 침례들, 안수, 죽은 자의 부활, 영원한 심판 등의 6가지 교훈의 터를 잘 닦은 후 완전을 행해 나아가야 한다는 점을 강조한 침례교인들이다 - 역자 주)이 그 세기 말에 등장하였다. 이들 두 그룹들은 큰 교단으로 발전하지는 못했지만, '제칠일 침례교인'은 미국에서 '제칠일 예수재림교회'(The Seventh Day Adventists, 안식일교회)가 태동하는데 기여했을 것이라고 생각한다. 최초의 퀘이커교도들은 영국 노팅검셔(Nottinghamshire)

에 있던 침례교회가 산산이 흩어지면서 태동하게 되었다. 추후에 일반침례교회에 영적인 부흥이 일어나 뉴커넥션 일반침례교인들(General Baptists of New Connection, 댄 테일러Dan Taylor가 존 웨슬리 목사의 부흥운동에서 큰 은혜를 받은 후 일반침례교회 목사가 되었는데, 당시 교회의 교리적인 해이와 영적인 침체를 극복하기 위해 심령부흥운동을 일으키며 새로운 교단을 세웠다 – 역자 주)이 생겨났고, 이것이 19세기말에 특수침례교인들과 연합하여 오늘날 영국의 침례교단인 '침례교 연맹'(Baptist Union, 1813년에 특수침례교회들을 중심으로 교단을 재정비하여 '침례교 연맹'이라는 이름으로 새롭게 결성이 되었는데, 1891년에 뉴커넥션 일반침례교회들을 비롯해서 영국 내 모든 침례교회들을 흡수하여 하나의 교단 총회를 이루었다 – 역자 주)이 되었다.

식민지 시대의 미국 침례교인들

　1639년에 미국 동북부에 위치한 로드 아일랜드주(Rhode Island)에서 로저 윌리엄즈(Roger Williams, 1603~1683, 그는 영국 케임브리지 대학에 다닐 때 이미 영국국교회의 문제들을 인식하여 분리주의 신앙을 가지고 있었고, 보스턴에 있는 청교도들의 교회인 회중교회로부터 목회 초청을 받아 미국에 도착했으나, 자신과 교회 간의 신앙적인 이질감이 있다는 점을 발견한 후 그 교회를 사임하고 나와 살렘 Salem, 플리머스 Plymouth 등지에서 분리주의자들의 교회를 목회하였다. 그는 아메리카의 인디언들을 구원받아야 할 영혼들로 생각하고 전도하였으며 그들의 언어와 생활을 이해하고자 노력하였다 – 역자 주)에 의해 미국 최초의 침례교회가 태동하였다. 그는 프로비던스 집단농장(Providence Plantation)을 개척하였고 그 당시에

'모든 사람들을 위한 종교의 자유'를 주창한 챔피언이었다. 윌리엄즈는 분리주의 신앙의 확신을 가지고 뉴잉글랜드에 도착했으나 얼마 되지 않아 보스턴 제일회중교회의 청교도 담임목사인 존 카턴(John Cotton)과 갈등을 겪게 되었다. 카턴 목사는 매사추세츠만 식민정부(Massachusetts Bay Colony)를 새 이스라엘로, 미국 땅에 살고 있던 아메리카 인디언들을 아말렉 족속으로 생각하였다(이러한 생각은 구약성서적인 안목으로 그 당시의 상황을 해석한 것이다 – 역자 주). 그렇기 때문에 그는 인디언들을 정복해야 할 대상으로 여겼고 그들을 죽이거나 그들의 땅을 탈취하여 소유하는 것에 별다른 양심의 가책을 느끼지 않았고 그렇게 하는 것이 당연한 귀결이라고 생각하였다.

이러한 생각에 대항하여 로저 윌리엄즈는 신학적인 이유들을 들어 카턴의 주장에 반론을 제기하였다. 그는 새 이스라엘은 거듭난 사람들로 이루어진 신자들의 공동체이며 어떤 특정한 인종이나 민족과 동일시 되어서는 안 된다는 점을 역설하였다. 그렇기 때문에 아메리카 인디언들은 영국인들이 복음을 증거하여 구원시켜야 할 대상이고 하나님의 자비를 입어야 할 대상이라고 주장하였다. 윌리엄즈는 성경이해와 종교의 자유에 대한 매사추세츠만 식민정부의 청교도들의 입장에 반론을 제기하며 그들을 곤란에 빠뜨렸다. 이러한 그의 주장으로 인하여 윌리엄즈는 그 식민정부로부터 추방명령을 받았다. 로저 윌리엄즈는 그곳을 탈출하는 데 성공하였고 그의 추종자들과 함께 남쪽으로 도망하였다. 그는 인디언들에게서 돈을 주고 산 땅에서 피난처를 얻게 되었는데, 그곳이 바로 오늘날 로드 아일랜드주 프로비던스(Providence, Rhode Island)이다. 그는 1636년에 지상에서 처음으로 교회와 국가가 분리되고 완전한 종교의 자유가 보장되는 최초의 식민정부를 개척하였다.

　　로드 아일랜드 식민정부는 유대인들, 퀘이커교인들, 침례교인들을 비롯한 분파들의 안식처가 된 반면에, 매사추세츠만 식민정부는 여전히 침례교 설교자들을 채찍질하였고 마녀들(witches)과 퀘이커교인들을 목매어 달았다. 하버드대학의 초대 학장이었던 헨리 둔스터(Henry Dunster)는 뱁티즘에 대한 그의 침례교적인 입장(그는 유아세례가 성경적이지 않다는 확신을 가진 후 자신의 아기가 교회에서 유아세례 받는 것을 거부하였다고 한다 – 역자 주) 때문에 총장직으로부터 쫓겨났다. 침례교인들은 매사추세츠 지역에서 자신들의 신약성서적인 믿음 때문에 벌금을 내거나 투옥되었다. 이러한 핍박은 회중교회(Congregational Church)가 코네티컷주와 매사추세츠주에서 국교적인 지위를 포기하였던 1833년에 가서야 비로소 멈추었다. 그 때 가서야 비로소 대다수의 회중교회 교인들도 라이몬 비처(Lymon Beecher)가 했던 말에 공감할 수 있었다. 국교적 지위의 해체를 격렬하게 반대했던 라이몬 비처 목사는 그제야 자신의 과거 입장을 철회하고 비로소 이런 말을 하였다: "내가 생각하기에 최악이라고 생각했던 것이 비로소 코네티컷주에서 최선이 되었다"(회중교회의 국교적 지위를 해체하는 것이 최악이라고 생각을 했었는데, 그것을 해체한 후 교회와 국가의 분리가 이루어지고 나니까 뒤늦게 그것이 최선임을 깨닫게 되었다는 의미이다 – 역자 주).32)

확실히 청교도들(이들은 핍박을 피해서 종교의 자유를 찾아 신대륙으로 건너왔는데, 뉴잉글랜드 지역에서 회중교회를 세워 그 지역의 기득권 교회 즉, 국교가 되었다. 회중교회는 회중주의적 교회행정을 했지만 유아세례 전통을 고수하였다 - 역자 주)은 북아메리카에 '모든 사람들을 위한 종교의 자유'에 기초하여 식민지들을 설립한 것이 아니었다. 영국국교회 교인들도 마찬가지였다. 버지니아주는 처녀왕(Virgin King, 엘리자베스 1세 여왕을 가리킨다 - 역자 주)의 이름을 따라서 식민주가 되었는데, 영국국교회가 버지니아주의 주교회(state church)가 되었다. 혁명전쟁(Revolutionary War, 1776~1781년, 미국이 영국의 왕정에 반대하여 일으킨 독립전쟁의 공식적인 이름이다 - 역자 주) 이전에는, 장로교인들, 침례교인들, 퀘이커교인들, 메노나이트들을 비롯한 종교적인 분파들은 차별과 군중폭력과 박해의 대상자들이었다. 침례교인들의 수가 증가하자 신실한 설교자들과 평신도들에 대한 구타와 투옥은 더 심해졌다. 침례교인들이 열정적으로 복음을 증거한다는 이유로 분파들 가운데에서도 가장 격심하고 잔인한 핍박의 표적이 되었다. 정규침례교인들(Regular Baptists, 제1차 대각성운동에 대해서 그것이 지나치게 감정적인 부흥운동이라 여기며 그 운동에 소극적인 입장을 취했던 지성적인 침례교인들이다 - 역자 주)과 분리침례교인들(Separate Baptists, 제1차 대각성운동에 적극적으로 동참했던 부흥회식의 감정적인 개종체험을 선호했던 침례교인들이다 - 역자 주)이 그들의 교회들을 규합해서 지방회(association)와

혁명전쟁 이전에는, 장로교인들, 침례교인들, 퀘이커교인들, 메노나이트들을 비롯한 종교적인 분파들은 차별과 군중폭력과 박해의 대상자들이었다.

주총회(state convention)를 구성하였다. 버지니아 침례교 주총회에서는 그 산하에 일반위원회(General Committe, 버지니아주에서 종교의 자유를 쟁취하기 위해서 투쟁했던 기구였다 - 역자 주)라는 기구를 만들어서 그 당시 버지니아주 하원을 상대로 침례교인들에 대한 종교적인 탄압에 대해 항의를 하기도 하였고 그러한 불법적인 조치를 시정해 줄 것을 요청하기도 하였다. 이러한 침례교인들의 요청은 수년 동안 거부가 되었는데, 드디어 그들이 버지니아주 의회로부터 혁명전쟁에 침례교 군목들을 파송할 수 있는 허락을 받아내면서부터 비로소 탄압은 수그러들기 시작하였다. 그때부터 침례교인들은 토마스 제퍼슨(Thomas Jefferson, 1743~1826), 제임스 매디슨(James Madison, 1751~1836)과 같은 젊고 유능한 버지니아주 정치인들로부터 동정적인 지지를 받기 시작하였다. 그 결과 하노버 지방회의 지지를 받으며 침례교인들은 종교의 자유에 관한 제퍼슨의 법률이 1786년 1월에 버지니아주 의회에서 통과가 되었다는 기쁜 소식을 듣게 되었다. 결과적으로 영국국교회의 국교적인 지위가 버지니아주에서 드디어 해체된 것이다.

제퍼슨이 제출한 '버지니아주에서의 종교자유법안'(1779)이 의회에 상정되면서 그 곳에서는 종교의 자유를 위한 투쟁이 소강상태의 국면에 들어섰지만, 침례교인들은 그것에 만족할 수 없었다. 그들은 새로운 연방헌법(Federal Constitution, 1787년에 제정되고 1789년에 각주의 재가를 받아 공포되고 발효하게 된 미합중국의 헌법이다 - 역자 주)에 초점을 맞추었다. 많은 침례교인들이 연방헌법 제6조(이 조항은 미국에서 공직을 맡는데 있어서 종교가 공무원 선발을 위한 기준이 될 수 없음을 규정하고 있는데, 낮은 수준의 '교회와 국가의 분리'를 규정한 것으로 볼 수 있다 – 역자 주)가 있음에도 불구하고, 연방헌법이 양도할 수 없는 권리로서의 종교의 자유를 충분히 보장해 주지 못하고 있다고 느꼈다. 침례교인들이 열심히 노력한 결과로 그들은 연방헌법을 제정하는데 가장 중요한 역할을 했던 제임스 매디슨을 설득하여, '제1차 수정헌법'(The First Amendment)과 '권리장전'(Bill of Rights, 이것은 제1차부터 제10차까지의 수정헌법들을 가리키는데, 미국인들의 기본권을 보장해 주는 헌법적인 규범이다 – 역자 주)을 제정하도록 촉구하였다. '제1차 수정헌법'을 포함한 미국의 '권리장전'이 1789년에 의회를 통과하였고 2년 동안 각 주의 재가를 받아 1791년에 공식적으로 공포되었다.

> 미국 제1차 수정헌법: 의회는 국교의 제정에 관하여 그리고 자유스러운 종교 활동을 금지하기 위하여 어떠한 법도 만들어서는 안 된다. 동시에 표현의 자유, 언론출판의 자유, 집회결사의 자유, 정부에 탄원할 수 있는 자유 등을 금지하는 법을 만들어서는 안 된다.

제퍼슨과 패트릭 헨리를 비롯하여 여러 정치지도자들이 수정헌법들을 연방헌법에 추가하기 위해 의회에서 로비를 벌이는 등 많은 수고를 하였지만, 미국의 역사가들은 일반적으로 제1차 수정헌법을 기초한 자요 그것을 미국 연방의회의 하원에 제출하는데 가장 중요한 역할을 맡았던 핵심적인 인물을 제임스 매디슨(James Medison, 1809~1817, 나중에 미국의 제4대 대통령직을 수행하였다 – 역자 주)이라고 인식하고 있다.[33]

근대선교운동

　미국 땅에서 침례교인들이 성육신과 복음의 본질에 근거한 확신으로 종교의 자유를 위한 횃불을 쳐들었던 반면에, 영국 땅에서는 젊은 침례교 설교가들과 평신도들과 함께 윌리엄 캐리(William Carey, 1761~1834)와 앤드류 풀러(Andrew Fuller, 1754~1815, 풀러는「모든 사람들이 받을만한 복음」 Gospel Worthy of All Acceptation이라는 책을 써서 당시 유행하던 극단적 칼빈주의 Hyper-calvinism를 극복하였고 최초의 해외선교단체인 '침례교선교협회'Baptist Missionary Society를 결성하는데 앞장섰으며 이 협회의 상임총무로서 윌리엄 캐리의 선교활동을 평생토록 후원하였다 – 역자 주)가 그리스도가 없는 세계 즉, 남자들과 여자들이 죄에 빠져 노예가 되어 있는 세계를 환상으로 바라보았고,

또한 그리스도 안에서만 받을 수 있는 죄용서와 죄책감으로부터의 해방을 위해 선남선녀들이 울부짖고 있는 모습을 환상으로 보았다. 수개월 동안 그들은 '기도 콘서트'라 불리는 연속 특별기도모임을 가지면서, 위와 같은 영적인 필요에 직면하여 하나님의 인도하심을 위해 간절히 기도하였다. 18세기 후반부에 영국 침례교인들 사이에서 한 때 유행했던 극단적 칼빈주의 사상은 선교적인 열정에 찬물을 끼얹었고 영국 침례교 운동 그 자체의 존속을 위협하기에 이르렀다. 영국의 침례교인들은 앤드류 풀러의 도움으로 존 길(John Gill, 1677~1771)의 '극단적 칼빈주의' (Hyper-calvinism, 절대주권적인 하나님께서는 구원받을 자들과 유기될 자들을 이미 예정해 놓으셨기 때문에 전도와 선교를 위한 인간들의 노력은 부질없는 것이라는 주장이다 - 역자 주)의 철갑을 벗어던질 수 있었다.

윌리엄 캐리는 쿡 선장(Captain Cook)의 항해일지와 모라비아 선교사들(Moravian Missionaries, United Brethren, John Hus의 후예들로서 그린랜드 섬을 비롯한 해외의 소외지역에 복음을 증거하였다 - 역자 주)의 선교보고서를 읽고 해외선교단체를 조직하고자 하는 도전을 받게 되었다. 모라비아 선교사들은 덴마크 정부의 재정적인 후원을 입어 국가교회의 선교사로 처음 파송되었다. 쿡 선장의 탐험에 관한 이야기를 읽고 나서 캐리는, 이제 선교사들이 세계 어느 나라에서도 복음을 증거하는 것이 가능하겠다는 확신을 가지게 되었다. 더우기 모라비아 선교사들의 선교보고를 통해서 아직 그리스도의 복음이 선포된 적이 없는 영국 반대편의 구석진 지역에서도 삶을 변화시키는 복음의 능력이 나타날 수 있다는 확신을 하게 되었다.

그런데 이러한 질문이 제기되었다: "모라비아 선교사들이 국가로부터 받았던 것과 같은 재정적 후원이 없이도, 침례교인들이 오직 하나님만을 바라보며 관심 있는 개인들과 가난한 목회자들과 평신도들만을 의지해서 해외선교회를 시작할 수 있을까?" 의사였던 존 토마스(John Thomas, 그는 인도에서 병원을 개업한 경험을 가지고 있던 의사였다-역자 주)와 윌리엄 캐리가 침례교선교협회(Baptist Missionary Society, 1792년에 영국에서 결성된 최초의 해외선교단체이다 - 역자 주)의 최초의 선교사로 헌신하였을 때, 이러한 질문은 비로소 응답이 되었다.

윌리엄 캐리가 인도에서 이룩한 놀라운 선교사역의 성과와, 그와 앤드류 풀러 그리고 동료 침례교 목회자들이 발전시킨 선교사역의 패턴은, 다른 프로테스탄트 교단들로 하여금 그들 자신의 해외선교단체들을 조직하는데 적지 않은 영감을 불어넣었다. 영국의 침례교 역사학자인 언더우드(A. C. Underwood) 박사는 이렇게 썼다. "세계선교에 있어서 침례교인들이 전체 그리스도의 교회들을 이끌어 가고 있었다."[34] 예일대학교의 선교역사 특임교수였던 케네스 스캇 라투렛(Kenneth Scott Latourette) 박사는 이런 견해를 피력하였다: "윌리엄 캐리는 서방세계 밖으로 믿음의 지평을 열어젖힌 선구자였으며, 영국과 미국의 많은 복음주의자들이 세계복음화를 위해 헌신하도록 동기를 불어넣은 선교사였다. 그로 인해 세계선교를 위한 위대한 세기가 열리기 시작하였다."[35]

21세기의 여명이 밝아오는 이때에, 침례교인들은 여전히 전 세계를

무대로 하는 선교활동에서 매우 큰 역할을 담당하고 있다. 남침례교인들만 하더라도 국제선교부를 통해 약 140여개의 나라에서 사역하고 있는 4,000명 이상의 해외선교사들을 후원하고 있다. 다른 한편에서는 거의 같은 수의 국내선교사들이 북미선교부와 각 주총회의 후원을 받아 미국과 캐나다 지역에서 선교활동

남침례교인들만 하더라도 국제선교부를 통해 약 140 여개의 나라에서 사역하고 있는 4,000명 이상의 해외선교사들을 후원하고 있다.

을 수행하고 있다. 이와 같은 직업선교사들 이외에도 매년 1,500여 명의 단기 자원선교사들이 각자의 은사와 능력에 따라 세계 여러 나라에서 하나님과 하나님 나라의 확장을 위해서 섬기고 있다. 선교는 침례교인들의 자기 정체성의 이해에 너무나도 중요한 부분을 차지하고 있기 때문에, 수세기 동안 침례교 증언(Baptist witness)에 담겨진 선교적 동기를 언급하지 않고서는 우리가 누구인지를 설명하기가 불가능하다. 독일 침례교 목사요 개척자인 게르하르트 옹켄(Gerhard Onken)은 그 자신에게는 이상이었지만 초창기 독일 침례교인들에게는 현실이 되었던 유명한 말을 남겼다: "침례교인은 누구나 선교사이다"(Every Baptist is a missionary).

침례교인들과 연합활동

이 책을 지금까지 읽어 온 독자들 중에 어떤 분들은 저자가 침례교 전통에 대해 매우 강조한 것을 보고 침례교인들은 어떤 종류의 에큐메니컬 연합활동에도 적극적으로 참여하지 않겠구나 하고 지레 짐작을 할지 모르겠다. 그러나 사실은 그렇지 않다. 초창기부터 침례교인들은 그리스도를 믿어서 안다고 고백하는 다른 사람들을 형제 그리스도인들로 인식하였고 그리스도 안에서 형제자매로 받아들였다. 스마이드의 회중이 채택했던 신앙고백인 《제안과 결론》 제69조항에서 이 점을 분명히 하였다:

제69조항: 모든 신실하고 통회 자복하는 그리스도인들은 그들이 어디에 살든, 그들이 어떤 교단 이름으로 알려져 있든, 비록 무지와 무능으로 둘러싸여 있다고 할지라도 그들이 회개와 믿음으로 거듭나서 진리와 열정으로 살아가려고 한다면, 그들은 그리스도 안에서 형제들이다. 우리는 그들 모두를 거룩한 입맞춤으로 환영한다. 한 믿음, 한 영, 한 주, 한 하나님, 한 몸, 한 뱁티즘을 추구하는 우리가 너무나 많은 분파들로 찢겨지고 분열되어 있는 현실에 대해서는 가슴 아프게 생각한다. 이러한 분열은 대체로 사소한 문제들로 인해 발생한 것이다.36)

침례교인들에게 있어서 '연합'은 하나님으로부터 주어지는 것이지, 그리스도인들에게 외부적인 권위에 의해 강압적으로 부과되는 것이 아니다. 교회가 연합함에 있어서 회원들이 소속해 있는 교단의 특징적인 믿음까지도 희생하면서 강압적으로 함께 연합하는 것이라면, 그래서 회원들의 양심과 신앙적인 확신을 훼손하는 것이라면, 그러한 교회연합은 무의미한 것이다. 그렇기 때문에 세계교회협의회(World Council of Churches)와 그 산하에 있는 각 국가별 교회협의회들(National Councils)에 대한 침례교인들의 반응은 간단하지 않다. 범세계적인 조직체의 구성원이 되기를 거부하는 총회들이나 연맹들도 '기능적인 연합정신'(functioning ecumenicity)을 나름대로 실천하고 있다. 그들은 연합하여 협동하지 않고서는 이룰 수 없는 목표들을 성취하기 위해서, 다른 교단의 그리스도인들과 함께 힘을 합하여 사역할 필요성을 인식하고 있는 것이다.

　그리스도께서 기도하셨던 연합은 인간들의 노력이 아무리 진지하고 좋은 뜻을 가지고 있다고 하더라도 그러한 인간적인 노력만으로는 성취될 수 없으며, 그것은 어디까지나 성령으로 말미암아 주어지는 하나님의 선물이라는 것이 침례교인들의 확신이다. 이러한 연합이 현실적으로 이루어졌다고 고백할 수 있으려면, 하나님으로부터 말미암아야 하며 예수 그리스도를 믿음으로 그분의 구원하시는 은혜를 받아야 하고 구원의 목적을 이루시는 하나님의 뜻이 성취되도록 그리스도 안에 있어야 한다. '하나님께서는 그리스도 안에서 세상을 자신과 화목하게 하셨다'는 사실을 명심할 필요가 있다. 이것이 바로 성령께서 세상에게 보여주시고자 하는 진정한 '하나됨'인 것이다. 그리스도를 통한 하나님과의 역동적인 연합이 없이는, 어떤 개인적인 체험도 헛된 것이며, 그리스도 안에서 우리가 연합을 이루었다고 떠벌이는 어떤 자랑 섞인 말도 헛된 것이다.

결 론

오늘날 침례교회들 중에 어떤 교회들은 교회당 건물 밖에 세우는 간판에나, 교회의 존재이유와 목회사역의 내용들을 알리는 새신자들을 위한 안내소책자에, '침례교회'(Baptist Church)라는 글자를 써서 대외적으로 알리는 것을 점차 꺼리고 있는 것 같다(특히 우리나라에서는 교회이름에 교파의 명칭을 붙이지 않는 경향이 많이 있는 것 같기도 하고 장로교 감리교가 다수여서인지 '00침례교회'라는 교회이름을 쓰지 않는 교회들이 적지 않은 것 같다. '기독교한국침례회 00교회'라고 쓰는 교회들도 많이 있다 - 역자 주). 실제로 어떤 지역사회에서는 '침례교'라는 단어 자체가 걸림돌이 되기도 한다. 침례교인들에 관해서 들었던 불편한 소문이나 어떤 침례교회에서 경험했던 유쾌하지 못한 불미스러운 사건 때문에, '침례교'라는 단어는 복음전도에 장애물이 되기도 하는 것이 사실이다. 비록 어떤 침례교인들이 의도적이든 의도적이지 않든, 무지나 죄로 인해 '침례교'라는 자신들의 이름에 대해 스스로 모욕을 느끼거나 자신들의 전통에 대해 부끄러움을 느낀다고 하더라도, 수세기 동안 이어져 왔고 지금도 이어가고 있는 침례교인들의 역사로 인해 그 이름(Baptist)은 영광을 받아야 마땅하다. 그렇기 때문에 회중이 자신들의 지역사회에서 어떤 이름을 쓰기로 정했든지 상관없이, 다른 무소속 교회들로부터 자신을 차별화하기 위해서라도, 교회가 소속해 있는 교단이나 교파의 이름을 교회간판에 표기하거나 교회의 안내소책자에 인쇄하거나 하는 것은 너무나 당연한 일이다.

이름보다 더 중요한 것은 교회의 신앙과 직제이다. 교회가 침례교회로서의 지워지지 않는 표시들을 간직하고 있지 않음에도 불구하고, 참으로 침례교회라고 말할 수 있을까? 무엇보다도 교회가 지역사회에서 그리스도의 사랑의 빛을 비추고 있지 않음에도 불구하고, 교회의 사명을 완수하고 있다고 말할 수 있을까? 그러한 교회를 그리스도를 위해 사명을 감당하고 있는 교회라고 말할 수 있을까? 상처받고 있는 사람들의 필요를 채워주는 사역을 감당하고자 하는 교회로서, 효과적인 증거의 열쇠는 다름 아닌 사랑이다. 최근에 기독교로 회심한 어떤 그리스도인이 이렇게 썼다:" 저는 알 수 없는 어떤 신비한 힘에 이끌리는 것을 느꼈는데, 그것은 바로 저를 향한 사랑의 영이었습니다."[37]

침례교세계연맹의 국제대회에서 트루엣 목사가 역설했던 종교의 자유에 관한 훌륭한 연설의 말미에서, 그는 사랑을 강조하며 그의 메시지를 마무리하였다. 그는 침례교 어휘들의 최종적인 낱말은 '자유'가 아니라 '사랑'이라고 역설하였다. 스스로 '성경의 인도를 받는 사람들'이라고 자처하는 사람은 트루엣 목사의 메시지를 명심해야 한다. 그리스도께서 다름 아닌 이런 말씀을 하셨기 때문이다: "너희가 서로 사랑하면 이로써 모든 사람들이 너희가 내 제자인 줄 알리라"(요 13:35).

21세기가 시작된 오늘의 시점에서 이러한 질문은 아직도 유효하다: "세상은 신실한 침례교 증언을 여전히 필요로 하고 있는가?" 사람들이 여전히 자유를 필요로 한다면, 사람들이 여전히 소망을 필요로 한다면, 사람들이 여전히 '모든 지각에 뛰어난' 하나님의 평강을 필요로 한다면, 사람들이 여전히 죄용서와 죄책감으로부터의 해방을 필요로 한다면, 사람들이 여전히 풍성하고 영원한 생명을 필요로 한다면, 사람들이 여전히 살거나 죽을만한 가치를 필요로 한다면, 사람들이 그리스도께서 1세기와 21세기에 그의 교회를 향해 가지고 계셨고 지금도 가지고 계신 비전을 여전히 필요로 한다면, 열정적인 기도와 무조건적인 사랑을 겸비한 신실한 침례교 증언은 유효하다고 말할 수 있다. 예수 그리스도께서 그의 첫 제자들에게 유언으로 명령하셨던 것처럼, 모든 족속들을 향해 달려가서, 그들을 구원에로 초청하고, 부활하여 살아계신 그리스도를 충성스럽게 따르는 제자로 삼는 사역에 우리 침례교인들은 더욱 헌신하여야 하겠다.

부록 A

《제안과 결론》 (1612년)

존 스마이드가 이끌었던 최초의 침례교회가 1612년에 《제안과 결론》(《암스테르담에 살고 있는, 어떤 영국인들의 신앙고백을 포함한, 참 기독교 종교에 관한 제안과 결론》)이라는 신앙고백을 채택했는데, 종교의 자유에 관한 내용인 제84조항과 제85조항을 여기에 인용한다:

> 제84조항: 세속정부의 관리는 자신의 직권으로 종교나 양심의 문제들에 간섭해서는 안 된다. 이런 저런 형태의 종교나 교리를 사람들에게 강요하거나 강제해서도 안 된다. 기독교 종교를 각자의 양심에 따라 자유롭게 믿도록 내버려 두어야 한다. 세속정부의 관리는 사람이 다른 사람을 향해 저지른 상해나 피해, 살인, 성적인 죄악들, 절도 등의 민사적인 범죄들(롬 13장)에만 관여하여야 한다. 왜냐하면 그리스도만이 교회와 양심의 왕이요 입법자이시기 때문이다(약 4:12).

제85조항: 만약 세속정부의 관리가 그리스도를 따르고자 하고 그분의 제자가 되고자 한다면, 그는 자기를 부인하고 자기 십자가를 지고 그리스도를 따라야 한다. 그는 자신의 원수들을 사랑해야 하며 그들을 죽여서는 안 된다. 그는 그들을 위해 기도해야 하며 그들을 벌해서는 안 된다. 그는 그들에게 먹을 것을 주고 마실 것을 주어야 한다. 그는 그들을 감옥에 가두어서는 안 되고, 추방해서도 안 되고, 사지를 잘라서도 안 되고, 그들의 물건들을 탈취해서도 안 된다. 그는 그리스도와 함께 핍박과 고난을 받아야 한다. 그는 그리스도와 함께 비방을 당하고, 욕을 먹고, 모독을 당하고, 불행을 당하고, 얻어맞기도 하고, 침 뱉음을 당하고, 감옥에 갇히고, 처형을 당하기도 해야 한다. 세속정부의 관리라는 권세를 고집한다면 그가 이런 일들을 할 수는 없을 것이다. 그는 복수의 칼을 내려놓아야 한다.[38]

≪제1차 런던신앙고백≫ (1646년, 개정판)

≪제1차 런던신앙고백≫이라고 일반적으로 불리는 특수침례교 신앙고백은 그 수정판이 1646년에 출판되었다. 종교의 자유와 국가에 대한 교회의 관계가 1644년에 발행된 초판에 비해서 보다 크게 확대되었고 보다 조심스럽게, 보다 강력하게 진술되었다. 여기에 제48조항과 <추가

적 설명>과 제49조항 그리고 제50조항을 제시한다:

제48조항: 세속정부의 관리직은 범죄자들을 벌하기 위하여 하나님에 의하여 제정된 직책이다. 관리들이 그 직분을 잘 감당하면 그들은 칭찬을 받아 마땅하다. 그들이 행하는 합법적인 통치행위에 대해서는, 분노 때문만이 아니라 양심 때문에 우리는 주님 안에서 그들에게 복종해야 한다. 우리는 왕들과 세속적 권위를 가지고 있는 자들 모두를 위해서 간구와 기도를 드려야 한다. 그들 아래에서 모든 경건함과 정직함 가운데 우리는 조용하고 평화로운 삶을 살게 되는 것이다. 롬 13:1~2; 벧전 2:13, 14; 딤전 2:1~3

<추가적 설명>: 이 왕국의 최고통치권자는 왕(king)과, 왕국에서 자유롭게 선출된(지금 구성된) 의회임을 우리는 인정한다. 우리는 왕국의 안녕을 위해서 모든 민사적인 법률들과 그 법률들에 의해 임명된 관리들을 잘 지켜주고 보호해야 한다. 우리는 하나님께서 고위 성직자들(과거 로마 카톨릭교회의 성직자들을 암시하고 있다 – 역자 주)의 우리를 향한 학대와 박해를 뒤집어 엎어버리시고 현재의 왕과 의회를 허락해 주신 것을 감사함으로 인정해야 한다. 그들 고위 성직자들의 지배를 받으면서 이 왕국은 오래 동안 신음을 했었다. 그리고 하나님을 향한 예배와 관련하여, 구원하기도 하시고 멸하기도 하시는(약 4:12) 유일한 입법자 예수 그리스도가 계신다. 그분은 자신을 향한 예배를 위하여 그분의 말씀 안에서 충분한 법과 규범을 우리에게 주셨다. 우리는 하나님

의 성전을 위해서 충분한 법을 더 달라고 간구하기 전에, 우리의 지혜가 부족하고 믿음이 적은 것을 애통해 하며 그리스도께 간구하여야 한다. 그리스도의 법을 지키는 것만이 우리의 지혜요, 의무요, 특권이다(시 2:6, 9~10. 12). 동시에 인간들의 양심에 자유를 허용해 주는 것은 관리들의 의무이다(잠 8:8). 모든 양심적인 사람들에게는 이것이 가장 자비로운 조처이다. 이것이 없으면 다른 모든 자유들도 가치와 의미를 상실한다. 또한 모든 사람들을 범죄, 상해, 억압 그리고 고통으로부터 보호하는 것이 관리들의 의무이다. 우리가 살고 있는 왕국의 안녕을 위해서 관리들에게 칭찬과 위로를 해 줌에 있어서 인색하지 않아야 하는 것이 또한 우리의 의무이다. 믿음이 없이 행하는 모든 짓들이 죄임을 우리가 알기에, 종교의 문제들과 관련해서 우리는 합법적인 행위만을 해야 하는 것 역시 우리의 의무이다. 우리는 우리의 이해와 양심이 하지 말라고 촉구하는 행위들을 할 수 없는 것처럼, 우리의 이해와 양심이 하라고 촉구하는 행위들을 하지 않을 수 없다. 만약에 관리들이 우리에게 뭔가 다른 행동하라고 요구한다면, 옛 성도들이 그렇게 했던 것처럼(약 5:4) 우리는 우리의 인간적인 뜻을 굴복시켜 소극적이나마 그들의 권력에 순응해야 한다. 주 예수 그리스도의 진리를 (비록 최소한이나마) 증언하기 위하여 자신의 생명을 버리는 자는 진정으로 행복한 사람이다. 베드로전서 5장; 갈라디아서 5장

제49조항: 그러나 우리가 우리에게 호의적인 관리(나 세속적인 권위)를 찾을 수 없는 경우에라도, 우리는 우리의 신앙적인 삶의 실천을 멈추

어서는 안 된다. 왜냐하면 우리는 한 때 성도들에게 전달되었던 믿음을 고백함에 있어서 그리스도께 순종하며 나아가야 하기 때문이다. 그 믿음은 성경에 선포되어 있고 우리의 이러한 고백이 성경의 한 부분이다. 우리는 모든 시험들과 환란들 속에서도 필요하다면 죽음을 무릅쓰고서라도 옛 성도들이 그러했던 것처럼 구약과 신약 성경의 진리를 증거해야 한다. 우리의 물건들, 토지들, 아내들, 아이들, 아버지들, 어머니들, 형제들, 자매들 그리고 우리에게 소중한 우리 자신의 생명까지도 의존하지 말고, 우리는 기쁨으로 우리의 가야 할 길을 마쳐야 한다. 우리는 사람들에게보다도 하나님께 순종해야 한다는 것을 항상 기억해야 한다. 우리가 우리의 달려가야 할 길을 마치고 믿음을 지킨다면, 그분께서는 우리에게 의의 면류관을 씌어 주실 것이다. 우리 모두는 그분께 우리의 모든 삶에 대한 회계보고를 드려야 한다. 어느 누구도 그러한 책임을 면제받을 수는 없다. 행 2:40~41, 4:19, 5:28~29, 20:23; 살전 3:3; 빌 1:28~29; 단 3:16~17, 6:7, 10, 22~23; 딤전 6:13~14; 롬 12:1, 8; 고전 14:37; 계 2:20; 딤후 4:6~8; 롬 14: 10, 12; 고후 5:10; 시 49:7, 50:22

제50조항: 그리스도인이 세속정부의 관리나 공무원이 되는 것은 합법적인 것이다. 맹세를 하는 것도 역시 합법적인데, 만약 그것을 진리 안에서, 올바른 판단으로, 공의 안에서, 진리를 확인하기 위해서, 모든 분쟁들을 종식시키기 위해서 하는 것이라면 말이다. 그러나 분노로 인해서 헛된 맹세를 한다면, 주님을 모독하는 것이며 이 땅을 신음하

게 하는 것이다. 행 8:38, 10:1, 2, 35; 롬 16:23; 신 6:13; 롬 1:9; 고후 10:11; 렘 4:2; 히 6:16.39

≪침례교인들의 신앙과 메시지≫(1963년)

많은 다른 침례교 지방회들과 연맹들과 총회들처럼, 남침례교인들은 1925년에 이르기까지 신앙고백 채택의 필요성을 그리 강하게 느끼지 않았다. (북침례교 총회인 American Baptist Convention에서는 한 번도 총회 차원의 신앙고백을 채택한 적이 없었다). 1833년 이래로 ≪뉴 햄프셔 신앙고백≫이 미국에 있는 침례교인들 사이에서 인기가 있어 점차 광범위하게 사용 되었는데, 그것은 많은 교회들과 지방회들에서 사용하던 ≪필라델피아 신앙고백≫을 대체한 것이었다(필라델피아 신앙고백은 1689년의 특수침례교 신앙고백을 일부 수정한 것이었다. 1689년 신앙고백은 ≪총회신앙고백≫ Assembly Confession 이라고 불렸는데 이것은 ≪제2차 런던신앙고백, 1677≫의 내용을 약간 수정하여 총회 차원에서 수용을 한 것이었다 – 역자 주). 남침례교 총회가 교단 내의 모든 교회들을 아우를 수 있는 신앙고백을 채택하기로 결정했을 때, 그 목적을 성취할 수 있도록 신앙고백기초위원회가 임명되었고 이 위원회에서 기초한 새로운 신앙고백을 1925년 연차총회(테네시주 멤피스 Memphis에서 개최되었는데, 남침례교인들은 여기서 두 가지 중요한 결의를 하였다. 첫째는 신앙고백의 채택이었는데, 남침례교인들과 교회들을 신앙적으로 내부적으로 결속시키는 역할을 하였다. 둘째는 <협동 프로그램>의 채택이었는데 남침례교인들의 물질적인 자원을 총회 차원의 국내선교, 해외선교, 신학생 장학사역에 동원할 수 있는 채널이 되었다. 20세기에 남침례교총회가 폭발적인 부흥과 성장을 이루었는데, 1925년 멤피스 총회의 결정이 중요한 계기가 되었다.- 역자 주)에서 결의하였다. 이 신앙고백(≪침례교인들의 신앙과 메시지, 1925년≫은 ≪뉴 햄프셔 신앙고백≫의 내용을 확대하고 수정한 것이었다.[40] ≪뉴 햄프셔 신앙고백≫ 제16조항, '세속정부에 대하여'는 ≪침례교인들의 신앙과 메시지, 1925≫, 1925년에서는 제18조항, <종교의 자유>라는 항목으로 수정되었다. 교회와 국가와의 관계에 대한 남침례교인들의 입장을 보다 자세하게 설명하고 있고 그 내용도 보다 풍부해졌다.[41]

1925년판 신앙고백은 그 내용이 일부 수정되어, 1963년에 캔자스주 캔자스 시티에서 개최된 연차총회에서 같은 이름≪침례교인들의 신앙과 메시지, 1963년≫으로 채택되었다. 새 신앙고백에서는 <종교의 자유>가 제17조항에 놓이게 되었는데, 본문의 내용은 그대로였다. 단지 성경 구절들이 더 추가되었다.[42] 새로운 신앙고백이 ≪침례교인들의 신앙과 메시지,1963년≫라는 이름으로 남침례교 주일학부에서 발행이 되었는데, 이것은 17세기 영국 침례교인들의 신앙고백적인 전통을 많이 반영하고 있다. 특히 종교의 자유와 교회와 국가의 분리라는 주제에 있어서는 더욱 그리하다.

제17조항 <종교의 자유>: 하나님 한 분만이 양심의 주이시다. 하나

님은 그분의 말씀에 반대되거나 말씀에 포함되어 있지 않은 인간들의 교리들과 명령들로부터 인간의 양심을 자유케 하셨다. 교회와 국가는 분리되어야 한다. 국가는 각 교회에게 그것의 영적인 목적을 추구할 수 있도록, 보호를 해 주고 완전한 자유를 보장해 주어야 한다. 그러한 자유를 보장해 줌에 있어서 어떤 특정 교회단체나 교단을 향해서 편애를 해서는 안 된다. 세속정부 역시 하나님이 제정하신 것이기 때문에, 하나님의 계시된 뜻에 위배되지 않는 한, 그리스도인들은 모든 면에서 국가에 충성하고 순종해야 할 의무가 있다. 교회는 하나님의 일을 감당함에 있어서 세속적인 국가권력에 호소해서는 안 된다. 그리스도의 복음은 그 목적을 추구함에 있어서 영적인 수단만을 생각해야 한다. 국가는 어떠한 종류의 것이든 종교적인 의견들에 대해서 벌을 내려서는 안 된다. 국가는 어떤 형태의 종교를 후원하기 위해서 세금을 부과할 권리를 갖지 않는다. '자유로운 국가에서의 자유로운 교회'는 기독교적인 이상이다. 그것은 모든 사람들이 자유롭게 방해받지 않고 하나님께 나아갈 수 있는 권리를 의미하며, 세속권력의 간섭 없이 종교적인 의견들을 형성하고 그것들을 자유롭게 전파할 수 있는 권리를 의미한다. 창 1:27; 2:7; 마 6:6~7, 4; 16:26; 22:21; 요 8:36; 행 4:19~20; 롬 6:1~2; 약 4:12; 벧전 2:12~17; 3:11~17; 4:12~19

부록 B

✤ 침례교인들의 기원에 관한 이론들 ✤

　침례교인들의 기원에 관해서 시대에 따라 다양한 이론들이 개진되었다. 어떤 이론들은 확실한 역사적인 증거가 없이 제시되기도 하였다. 다양한 이론들 가운데 '이중적 발달이론'(Dual Development Theory)이 내가 보기에 가장 적합한 것 같다. 이 이론을 간단히 정의하면, 영국 침례교인들은 먼저 영국 청교도-분리주의(English Puritan-Separatism)로부터 발생했으며 네덜란드 메노나이트들의 영향을 받았다는 것이다. 존 스마이드, 토마스 헬위즈, 레오나르드 부셔, 존 머턴 등의 글들은 메노나이트들의 신앙과 직제의 영향을 반영하고 있으며, 영국에서 별도로 시작된 특수침례교인들도 역시 그들의 칼빈주의적 구원론에도 불구하고 메노 시몬즈의 영향을 반영하고 있다. 그렇기 때문에 현대의 역사가들은 영국 청교도 분리주의의 영향을 무시하지 않도록 조심해야 하고, 동시에 17

세기 영국 침례교 발달에 끼친 메노나이트들의 영향도 무시하지 않도록 조심해야 한다. 그렇게 함으로써 영국 침례교 역사가인 어니스트 페인 (Ernest Payne, 페인은 영국의 침례교단 Baptist Union의 상임총무로 오랫동안 봉사했으며 침례교 기원과 관련하여 '아나뱁티스트 영혈설'(Anabaptist Spiritual Kinship Theory)을 매우 강력하게 주장하였다 - 역자 주)이 주장한대로 학생들로 하여금 오늘날 침례교인들을 이해함에 있어서 중요한 역사적 단서들 중의 어느 하나도 놓치지 않도록 해야 한다.

(이스텝 박사의 이러한 주장은 '아나뱁티스트 영혈설' 혹은 '아나뱁티스트 영향설' (Influence of Anabaptists Theory)이라고 불린다. 특히 역자는 이스텝 박사의 주장을 '이중조상설'(Dual Parentage Theory)이라고 부를 수도 있다고 생각한다. 그분은 침례교인들은 영국의 분리주의자들을 아버지로 하고 대륙의 아나뱁티스트들 혹은 네덜란드의 메노나이트들을 어머니로 하여 태동하였다고 설명하곤 했다. 특히 이 주장은 존 스마이드와 토마스 헬위즈가 암스테르담에 피난 와서 네덜란드의 워터랜더파 메노나이트들과 접촉하며 영향을 받았다는 점을 강조한다. 그런데 토마스 헬위즈와 그의 동역자들은 존 스마이드와 결별을 하였고 영국 땅으로 돌아와 런던 근교 스피탈필드에서 새롭게 침례교회를 시작하였다. 그리고 그들은 암스테르담으로 피난을 오기 전에 이미 영국 땅 게인즈보로에서 분리주의자들의 교회를 이루었고 섬겼던 사람들이었다. 본 역자는 침례교인들이 대륙의 아나뱁티스트들로부터 신앙적인 영향을 간접적으로 받은 것은 사실이나, - 신자의 뱁티즘, 신자들의 교회, 뱁티즘과 주의 만찬에서의 상징주의, 중생한 자들로 교회회원을 삼는 교회, 종교의 자유, 교회와 국가의 분리 등 신앙적인 면에서 유사한 점들이 적지 않다 - 그들과 직접적인 역사적 연결고리를 가진 것으로 보기에는 역사적인

증거들이 충분하지는 못하다는 입장을 취하고 있다. 16세기 유럽 대륙의 아나뱁티스트들을 직접적인 역사적 조상이라고 여기고 있는 대표적인 후예들은 메노나이트들, 후터라이트들, 아미쉬들 등이 있다 – 역자 주). 43)

부 록 C

✤ 신앙고백과 신조 ✤

1925년에 남침례교 연차총회가 테네시주 멤피스에서 개최되었을 때, 많은 참석자들은 신앙고백(신앙고백은 일정한 시대와 일정한 지역의 그리스도인들이 발표한 '우리는 이렇게 믿는다는 신앙적인 진술'이며, 따라서 시대와 장소에 따라서 신앙고백마다 강조점이 다를 수도 있고, 심지어 인간들이 만들어 낸 글귀이므로 오류도 있을 수 있고 그렇기 때문에 수정도 가능하다고 보며 그것이 신자의 양심을 구속할 수 없다고 보는 글이다. 오직 66권의 성경만이 신앙과 삶의 최종 권위가 된다고 믿는다 – 역자 주)이 신조 혹은 신경(신조 혹은 신경은 '이렇게 믿어야 한다는 당위'를 규정하고 있으며, 인간들이 만들어 낸 글귀이지만 성경과 대등한 권위를 가지고 있으며 구속성, 계속성, 보편성, 무오류성, 최종성을 가진다고 믿는 글이다 – 역자 주)이 될지도 모른다는 염려로 인해서 신앙고백의 채택을 별로 달가와 하지 않았다. 이러한 염려를 제거하고 신앙고백과 신조의 차이점들을 명료하게 하기 위하여 신앙고백기초위원회에서는 '신앙고백의 성격과 기능에 관한 역사적 침례교 개념'이라는 제목으로 5가지 진술을 신앙고백의 서문으로 제시하였다. 이 서문은 1963년판 ≪침례교인들의 신앙과 메시지≫에도 포함되어 있다:

(1) 신앙고백은 크든 작든 어떤 침례교 단체 내에서 의견의 일치를 본 내용을 포함하고 있다. 그것은 우리들 가운데 확실하게 공유하고 있는 기독교 신앙의 항목들에 관하여 우리 교단의 사람들이나 다른 사람들을 훈계하고 인도하기 위해서 작성되었다. 그것은 예를 들면 하나님을 향한 회개와 예수 그리스도를 구주와 주님으로 믿는 믿음과 같이, 신약성경에 계시된 구원의 단순한 조건들에 새로운 무엇인가를 첨가하기 위해서 의도된 것이 아니다.

(2) 우리는 신앙고백을 우리의 믿음에 관한 완전한 진술로 여기지 않는다. 최종성이나 무오류성을 갖는다고도 보지 않는다. 과거에도 그러했고 미래에도 그러하겠지만, 어느 때라도 지혜로운 수정이 필요하다고 생각한다면, 침례교인들은 그들의 신앙진술을 자유롭게 수정할 수 있다고 생각한다.

(3) 크든 작든 어떤 그룹의 침례교인들이라도, 그들은 그렇게 하는 것이 유익하다고 여길 때마다 그들의 신앙고백을 스스로 작성하여 세상에 출판할 자체적인 권리를 가지고 있다.

(4) 침례교인들 사이에서는 신앙과 실천의 유일한 권위는 구약과 신약 성경이다. 신앙고백은 성경해석을 위한 안내일 뿐이다. 신앙고백은 ([성경을 해석하는 자의] – 역자 주) 양심 위에 군림할 권위를 가지고 있지 않다.

(5) 신앙고백은 성경으로부터 이끌어 온 종교적 확신에 대한 진술이다. 그것은 다른 삶의 영역들에서 생각과 탐구의 자유를 방해할 목적으로 사용되어서는 안 된다.

1963년판 ≪침례교인들의 신앙과 메시지≫의 기초위원회는 4개의 추가적인 문단들을 첨가하였는데, 가장 중요한 선언의 내용은 다음과 같다:

"침례교인들은 살아있는 신앙을 고백하는 사람들이다. 이러한 신앙은 어제나 오늘이나 영원토록 동일하신 예수 그리스도에 뿌리를 내리고 있고 기초를 두고 있다. 그렇기 때문에 침례교인들에게 있어서 신앙과 실천의 유일한 권위는 그 뜻이 성서에 계시되어 있는 예수 그리스도이시다."[44]

✢ 역사적인 침례교 신앙고백들 ✢

침례교인들은 4세기 동안 수많은 신앙고백들을 채택하여 공표하였다. 그 중에서 중요한 것들과 출판연도는 다음과 같다.

1. 《일반침례교 신앙고백들》 1611, 1612, 1660

2. 《특수침례교 신앙고백들》 1644, 1646, 1677, 1689

3. 《챨스타운(보스턴 근처) 침례교회 신앙고백》 1665

4. 《필라델피아 침례교지방회 신앙고백》 1742

5. 《뉴 햄프셔 신앙고백》 1833, 1853

6. 남침례교 총회, 《침례교인들의 신앙과 메시지》 1925, 1963, 2000 [45]

참고문헌

A Confession of Faith of Seven Congregations or Churches of Christ in London, Which Are Commonly (But Unjustly) Called Anabaptists. 1946; Reprint. Rochester, New York: Backus Book Publishers, 1981.

Baker, Robert A. *The Southern Baptist Convention and Its People.* Nashville: Broadman Press, 1974.

Brackney, William H., ed. *Baptist Life and Thought: 1600~1980.* Valley Forge, Pennsylvania: Judson Press, 1983.

Burrage, Champlin. *The Early English Dissenters in the Light of Recent Research (1550~1641).* 2 vols. 1912; Reprint. New York: Russell & Russell, 1962.

Coggins, James R. *John Smyth's Congregation: English Separatism, Mennonite Influence, and the Elect Nation*. Waterloo, Ontario: Herald Press, 1991.

Cook, Henry. *What Baptists Stand For*. London: Kingsgate Press, 1947.

Dawson, Joseph Martin. *Baptists and the American Republic*. Nashville: Broadman Press, 1956.

Estep, William R., ed. *Anabaptist Beginnings (1523~1533)*. Nieuwkoop, The Netherlands: B. de Graaf, 1976.

_____, *Baptists and Christian Unity*. Nashville: Broadman Press, 1966.

_____, " Sixteenth-Century Anabaptism and the Puritan Connection: Reflections on Baptist Origins," *Mennonites and Baptists*, A Continuing Conversion. Paul Toews, ed. Winnipeg, Canada: Kindred Press, 1993.

_____, *Revolution Within the Revolution: The First Amendment in Historical Context*, 1612~1789. Grand Rapids:

William B. Eerdmans Publishing Company, 1990.

_____, *The Anabaptist Story: An Introduction to Sixteenth-Century Anabaptism*. 3rd ed. Grand Rapids: William B. Eerdmans Publishing Company, 1996.

_____, *Whole Gospel Whole World: The Foreign Mission Board of the Southern Baptist Convention, 1845~1995*. Nashville: Broadman Press, 1994.

Gaustad, Edwin S., ed. *Baptist Piety: The Last Will and Testamony of Obadiah Holmes*. Valley Forge, Pennsylvania: Judson Press, 1994.

_____, *Liberty of Conscience: Roger Williams in America*. Grand Rapids: William B. Eerdmans Publishing Company, 1991.

Helwys, Thomas. *The Mistery of Iniquity*. Oxford: Bodleian Library; Reprint. London: Kingsgate Press, 1935.

Lumpkin, William L., ed. *Baptist Confessions of Faith*. Philadelphia: Judson Press, 1959.

____, *Baptist Foundations in the South*. Nashville: Broadman Press, 1961.

McBeth, H. Leon. *The Baptist Heritage: Four Centuries of Baptist Witness*. Nashville: Broadman Press, 1987.

_____, ed. *A Sourcebook for Baptist Heritage*. Nashville: Broadman Press, 1990.

Miller, Perry. *Roger Williams, His Contribution to the American Tradition*. New York: Atheneum, 1962.

Moore, John Allen. *Anabaptist Portraits*. Scottdale, Pennsylvania: Herald Press, 1984.

Shurden, Walter B., ed. *Eighty Years of the Baptist World Alliance*. Nashville: Broadman Press, 1985.

Stassen, Glen. " *Finding the Evidence for Christ-centered Discipleship in Baptist Origins by Opening Menno Simons' Foundation-Book.*" Louisville, Kentucky: Unpublished Paper, 1996.

Sweet, William Warren. *The Story of Religion in America*. New York: Harper & Row, 1950.

Torbet, Robert. *A History of the Baptists*. Valley Forge, Pennsylvania: Judson Press, 1963.

Underhill, Edward Bean, ed. *Tracts on Liberty of Conscience and Persecution: 1614~1661*. London: Hanserd Knollys Society, 1846.

Underwood, A. C. *A History of the English Baptists*. London: Kingsgate Press Limited, 1956.

Wardin, Albert W. *Baptists Around the World: A Comprehensive Handbook*. Nashville: Broadman & Holman, 1995.

White, B. R. *The English Baptists of the Seventeenth Century*. vol. 1 of *A History of English Baptists*. London: Baptist Historical Society, 1983.

Whitley, W. T. *A History of British Baptists*. London: Charles Griffin and Company Limited, 1923.

주)

1) Thomas Helwys, *The Mystery of Iniquity* (Oxford: Bodleian Library; Reprint. London: Kingsgate Press, 1935), p. xxiv.

2) William L. Lumpkin, *Baptist Confessions of Faith* (Philadelphia: Judson Press, 1959), p. 140.

3) *The Baptist Faith and Message* (Nashville, Tennesse: Sunday School Board of the Southern Baptist Convention, 1963), p. 5. 이 신앙고백은 1925년에 테네시 주 멤피스에서 개최된 남침례교연차총회에서 채택되었던 신앙고백을 수정한 것이다. 이 신앙고백은 1963년 5월 8일에 캔자스 시티 연차총회에서 채택되었다.

4) Balthasar Huebmaier, '18개 조항' (Eighteen Theses, Achtzehn Schlussreden), 1524. William R. Estep, *Anabaptist Beginnings*(1523~1533): A

Sourcebook (Nieuwkoop, The Netherlands: B. de Graaf, 1976), 23~26.

5) Isaac Watts, "When I Survey the Wonderous Cross," The Baptist Hymnal (Nashville, Tennessee: Convention Press, 1991), p. 144.

6) Henry Bettenson, *Documents of the Christian Churches* (Oxford: Oxford University Press, 1963), p. 25.

7) 이 침례교 신앙고백들(≪제2차 런던신앙고백≫과 그 후속판들)은 ≪웨스트민스터 신앙고백≫(1646년)이라고 알려진 장로교 신앙고백의 침례교 판이었다. ≪웨스트민스터 신앙고백≫은 1566년의 ≪제2차 스위스 신앙고백≫(the Second Helvitic Confession, Reformed)에 기초를 두고 있었다. 회중교도들은 ≪웨스트민스터 신앙고백≫의 회중교회 판(≪사보이 신앙고백≫ Savoy Confession이다 - 역자 주)을 처음 출판하였다. 침례교인들은 나중에 침례교회 판(≪제2차 런던신앙고백≫, 1677 - 역자 주)을 채택하였다.

8) Lumpkin, *Baptist Confessions of Faith*, p. 159.

9) Ibid., p. 160.

10) '해석학'(Hermeneutics)은 성서를 해석하는 다양한 방법들을 연구하는 학

문분야이다. 침례교인들은 17세기초 지상에 등장한 이래로 전체 성서를 신약성서적인 관점에서 해석해 왔다.

11) '제5군주국 운동'(The Fifth Monarchy Movement)은 영국에서 올리버 크롬웰에 대항하여 일어났던 운동인데, 토마스 해리슨(Thomas Harrison)과 토마스 베너(Thomas Venner) 등이 일으킨 급진적인 종말운동이다. 다니엘서 2장에 대한 기대감에 근거하여 이들은 무력으로 그리스도의 천년왕국 통치를 지상에 이룩하고자 하였다. 일반침례교인들은 처음부터 이 운동을 단호하게 반대하고 배척하였다. 그러나 특수침례교인들 중 일부가 이 운동에 유혹당하여 개입함으로써 침례교인들이 폭력과 그 결과로 인한 무정부 상태와 연관되면서 이 과격한 종말운동은 침례교 신앙의 증거에 큰 장애요소가 되었다.

12) 《제1차 런던신앙고백》 제20조항, Lumpkin, *Baptist Confessions of Faith*, p. 162.

13) 《제1차 런던신앙고백》 제10조항, Lumpkin, *Baptist Confessions of Faith*, p. 159.

14) 《제안과 결론, 1612~1614》, Lumpkin, *Baptist Confessions of Faith*, p. 123.

15) Ibid., p. 167. (≪제1차 런던신앙고백≫에는 여러 개의 성경 구절들이 이 조항들에 제시되어 있으나 여기서는 생략한다).

16) ≪제1차 런던신앙고백≫, Lumpkin, *Baptist Confessions of Faith*, p. 167.

17) 주의 만찬에 관하여 어떤 일부 침례교인들 사이에서는 혼란이 발생하기도 했는데, 그것은 아마도 로마 카톨릭교회의 영향 때문이었다. 카톨릭교회에서는 주의 만찬을 '미사'(mass)라고 부르는데 주의 만찬을 베풀 때에 화체의 기적(miracle of transubstantiation)이 일어난다고 믿기 때문이다. 성직자가 떡을 높이 들고 "이것은 나의 몸이니라"(Hoc est corpus meum)라고 말하면 그 떡은 실제로 그리스도의 살로 변한다고 믿는다. 마찬가지로 성직자가 포도주 잔을 높이 들고 "이것은 나의 피이니라"(Hoc est sanguis meus)라고 말하면 그 포도주는 실제로 그리스도의 피로 변한다는 것이다. 미사가 행해질 때마다 일종의 신선한 희생제사가 드려진다고 보는 것이다. 카톨릭교회에서는 구원에 필요한 성례전적인 은혜가 미사와 다른 여섯 가지 성례전들을 통해서 전달된다고 가르친다. 일부 침례교인들을 포함해서 어떤 복음주의자들은 로마 카톨릭교회의 전통적인 이해로부터 연유한 잘못된 태도와 행습으로 인해 혼란을 겪기도 하였다.

18) 최근 들어 '치리장로들'(ruling elders)에 새로운 관심이 쏠리고 있는데, 이

는 몸으로서의 지역교회 행정에 타협을 하는 직분이다. 이것은 침례교인들이 신약성경의 패턴이라고 믿어왔던 것으로부터 이탈하는 것이다. 그 기원은 분리주의자들의 회중주의(Separatist Congregationalism)에서 발전되었다고 본다. 어떤 경우에는 '장로들'이 의사결정의 기능까지 감당하곤 하는데, 이렇게 하는 것은 성령의 지도력을 따르는 회중의 권리를 탈취하는 것이다. 이렇게 되면 집사들이나 교회협의회(church council, 일종의 기관장 회의와 같은 기구이다-역자 주) 회원들이 교회생활에서 자신들의 역할을 바르게 이해하지 못하게 하는 결과를 낳게 되기도 한다.

19) Rick Warren, *The Purpose Driven Church* (Grand Rapids, Michigan: Zondervan Publishing House, 1995), p. 328.

20) Helwys, *The Mistery of Iniquity*, p. 69.

21) ≪제안과 결론≫(Propositions and Conclusions), 제84조항, Lumpkin, *Baptist Confessions of Faith*, p. 140.

22) George W. Truett, "The Baptist Message and Mission for the Life of the World," *Official Report of the Sixth Baptist World Congress*, Atlanta, Georgia, 1939, pp. 27~78.

23) Henry Cook, *What Baptists Stand For* (London: Kingsgate Press, 1974), 182. 부록 II에서 인용함.

24) *The Baptist Faith and Message* (Nashville, Tennessee: Sunday School Board of the Southern Baptist Convention, 1963), p. 14.

25) A. C. Underwood, *A History of the English Baptists* (London: Carey Kingsgate Press Limited, 1958), p. 46.

26) Glen Stassen, " Finding the Evidence for Christ-Centered Discipleship in Baptist Origins by Opening Menno Simons' *Foundation Book*" (Louisville, Kentucky: Unpublished Paper), pp. 18~19.

27) Lumpkin, *Baptist Confessions of Faith*, p. 94.

28) Ibid., 169.

29) Ibid., 170.

30) ≪제1차 런던신앙고백, 1646≫, p. 17.

31) 부록 A 참조.

32) Joseph Martin Dawson, *Baptists and the American Republic* (Nashville, Tennessee: Broadman Press, 1956), p. 129.

33) William R. Estep, *Revolution Within the Revolution* (Grand Rapids, Michigan: William B. Eerdmans Publishing Co., 1990), pp. 156~179.

34) Underwood, *A History of the English Baptists*, p. 165.

35) Kenneth Scott Latourette, *Christianity in a Revolutionary Age*, vol. II, *The Nineteenth Century in Europe* (New York: Harper & Brothers, 1959), p. 328.

36) Lumpkin, *Baptist Confessions of Faith*, p. 137.

37) Warren, *The Purpose Driven Church*, p. 208.

38) ≪제안과 결론≫(Propositions and Conclusions), Lumpkin, *Baptist Confessions of Faith*, p. 140.

39) A Confession of Faith of Seven Conregations or Churches of Christ in London, Which Are Commonly (But Unjustly) Called Anabaptists, 1646. Reprint, (Rochester, New York: Backus Book Publishers, 1981), pp. 17~18.

40) Lumpkin, *Baptist Confessions of Faith*, p. 336.

41) *Annual of the Southern Baptist Convention* (Nashville, Tennessee: Printed for the Secretaries. 1925), pp. 73~74.

42) *The Baptist Faith and Message*, p. 19.

43) 침례교 기원과 관련해서는 역자의 논문을 참조할 수 있다: 〈제2장 침례교회의 기원과 관련한 아나뱁티스트 영혈설에 대한 비평적 고찰〉, 김승진, 「침례교회와 역사: 침례교회사의 주요 논제들」, 수정증보판 (대전: 침례신학대학교출판부, 2009), pp. 43~75. 또한 Walter B. Shurden, 김용복 김태식 역, <제1장 침례교의 기원논쟁: 자신들의 역사에 대한 침례교인들의 입장>, 「침례교 신학논쟁」, pp. 29~57도 좋은 참고가 될 수 있다.

44) *The Baptist Faith and Message*, Kansas City, Kansas, May 9, 1963.

45) 침례교 신앙고백들에 관해서는 역자의 다음 논문들을 참조할 수 있다:

<제7장 미국의 대표적인 침례교 신앙고백들>, 김승진, 「침례교회와 역사」(대전: 침례신학대학교출판부, 2009), pp. 209~250; <남침례교 신앙고백 ≪침례교인의 신앙과 메시지(2000년)≫ : 1963년판으로부터의 수정 및 첨가내용과 그 신학적 의미>, 「복음과 실천」 49호 (2012년 봄): pp. 155~180.

요단 사역정신

"그러므로 너희는 가서 모든 민족을 제자로 삼아 아버지와 아들과 성령의 이름으로 침(세)례를 베풀고 내가 너희에게 분부한 모든 것을 가르쳐 지키게 하라 볼지어다 내가 세상 끝날까지 너희와 항상 함께 있으리라 하시니라"

1. **For God and Church**
   하나님의 영광과 그의 몸 된 교회의 영적 성장과 성숙을 위한 도서를 엄선하여 출판한다.

2. **Prayer-focused Ministry**
   기획·편집·제작·보급의 전 과정을 기도 가운데 진행한다.

3. **Path to Church Growth**
   건강한 교회를 세우는 축복의 통로로 섬긴다.

4. **Good Stewardship and Professionalism**
   선한 청지기와 프로정신으로 문서 사역에 임한다.

5. **Creating a Culture of Christianity by Developing Contents**
   각종 문화 컨텐츠를 개발함으로 기독교 문화 창달에 기여한다.